弁護士になった「その先」のこと。

中村・角田・松本法律事務所

弁護士 中村直人

弁護士 山田和彦

［著］

商事法務

　本書は、著者の1人である弁護士中村直人が、所属する中村・角田・松本法律事務所において若手弁護士のための研修を行った際の反訳をベースにしたものである。当事務所では、従来、新人を含め、若手弁護士向けの研修のようなことはしていなかった。弁護士というのは1人1人が職人であるから、先輩の弁護士の仕事ぶりをじっくり見て、そのノウハウを我が物にしていくのが当然であると考えていたからである。

　しかしながら、教えられることであれば、ある程度しっかり教えた方が、成長は早いだろうし、顧客や事務所関係者などに迷惑をかけることも少なくなるだろうということで、中村がその研修をすることとなった。

　研修の準備をして分かったのであるが、弁護士が知っておくべきノウハウには、いくつかの種類がある。第1に、事件のスジを見通す能力であるとか、問題を解決する知恵を出す能力であるとか、事件処理の度胸であるとか、そのような個人的な性格や能力に起因するものがある。こういうものは、分かっていても簡単にまねなどできない。但し、そういう能力やノウハウがあるのだということだけでも知っていれば、どこかで役に立つことがある。第2に、相当程度の経験によってしか体得できないノウハウがある。例えば、裁判での証人尋問の仕方であるとか、いろいろな契約条項であるとか、そういったものである。第3に、努力すれば誰でも獲得できる知識がある。例えば、会社法の知識、法制の知識、会計・監査の知識、英語、その他の知識である。こういうものは、何年か実務をこなしていけば、努力に見合って成熟していくだろう。第4に、新人のと

きには分からないけれども、知ればすぐに分かる知識やノウハウというものがある。それこそ、電話の仕方から、事件の受任の仕方、日々のスケジュールの立て方、その他の基礎的な事柄である。第5に、これら以外の弁護士としてのルール、例えば、弁護士倫理上の注意点であるとか、事務所で禁止されている事柄（秘密保持や株式等の取引の禁止など）であるとか、弁護士として逸脱してしまうリスクなど、身を処すときのルールやノウハウである。

　考えてみると、第4の基本的な仕事の仕方の部分は、知っていれば、以後きちんと対応することができる。何も先輩の技を盗め、などと言って時間をかける必要はない。第5の弁護士のルールの部分は、早く教えておかないと、道を踏み外すかもしれない。禁止のルールは経験を待たずに教えておくのが良い。第3の、努力すれば獲得できる法律知識のようなことも、どういう調査方法があるのか、何をすればどういう情報を獲得できるのか、どうすれば調査の網羅性を確保することができるのか、などといったことは、大事な実務上のノウハウではあるが、しかし先輩弁護士が出し惜しみしないで教えておけば、新人でも速やかに辿り着くことができる。

　そういう基礎的な部分を知ってもらって、その上で、第1や第2のノウハウの価値の理解や、自分への取り込み方などを考えていく方が、成長のスピードは速い。ならば教えたら良い。時代は変わってきているのだと実感した。

　本書はそのような若手弁護士としてのいろはのようなこと、例えば「どうすれば物をなくさないで済むか」といった事柄から、日頃研鑽すべき事柄、法律事務所のあり方や作り方などまで、いろいろなノウハウをそのまま所内研修でしゃべったものを反訳したものをベースにしている。話し言葉のままの方が分かりやすいだろうということで、そのままにしている。本としては異例であり、やや礼を

失しているかもしれないが、ご容赦いただきたい。

　書籍化するに当たって、著者の弁護士山田和彦が、調査関係や弁護士倫理関係などを補筆し、また全体を補正している。

　本書の内容は、元は当事務所の若手弁護士の研修を目的としたものであったが、営業の仕方や事務所のあり方など、これから事務所を作りたいと思っている弁護士の方々などにも参考になるかもしれない。また、依頼者となる企業の方々の弁護士に対する理解が進むかもしれない。

　本書に著した仕事の仕方は、基本的に当事務所ではすべてそのまま実践している事柄である。世の中では少数派かもしれないが、楽しい人生を送る方法でもある。

　本書は、もともと内部の研修録であるから、書籍化するつもりなどなかったのであるが、反訳した小冊子を株式会社商事法務の方に見いだしていただいて、恥ずかしながら出版に至ったものである。株式会社商事法務の澁谷禎之氏、水石曜一郎氏、辻有里香氏には本書の刊行に当たり、大変お世話になった。また、当事務所の上村美磨氏、中島友美子氏にも多くのご協力をいただいた。ここに深く感謝の意を表する次第である。

2020 年 5 月

弁護士　中村　直人

弁護士　山田　和彦

第Ⅴ講　自分の方向性

第Ⅵ講　事務所の運営に関する事項

第 I 講

弁護士業務の基礎
いろは編

1 毎日のスケジュールの決め方

●RESUME・Ⅰ-1

◇ 何時に出社するか？

(ⅰ) 事務所のルールとして、勤務時間の定めはない。

　→それでは勝手にすれば良いのか？

(ⅱ) 依頼者にとって何が一番良いか、という基準で判断すべし。
Best for the clients

(ⅲ) 依頼者のアベイラビリティを考慮すると、依頼者の通常の稼働時間中に連絡が取れることが重要。

　→概ね9時〜17時は原則事務所にいることが必要。

(ⅳ) 毎日決まった時間に出勤・退社するのが依頼者の予見可能性に繋がる。

(ⅴ) 法務部門の人は、朝に1日の予定を確認する人が多い。そこで弁護士に相談しようということになると、朝一に電話してきて「本日、時間とれませんか？」という話になる。

　→朝の時間帯は在席している方が依頼者の便宜。

(ⅵ) 早朝型の勤務スタイルだと、夕方依頼者がメールで相談をして、翌朝になると回答が返ってきている、ということになる。これは依頼者にとって、とても嬉しいこと。

(ⅶ) 早朝型だと、依頼者がそれを知るようになると、日中は会議などで多忙でも、早朝に連絡などしてくることができる。

(ⅷ) 深夜型の勤務スタイルは、中村はあまりお薦めしない。しかし仕事の種類でそうなる人もいる。仕事の品質と効率性、及び健康にご注意。

◇　何時に出社するか？

　第Ⅰ講が「弁護士業務の基礎」ということで、いろは編です。これは本当のイロハです。新人の方のためという感じですね。まず(i)に「毎日のスケジュールの決め方」ということで、「何時に出社するか？」と。事務所としては勤務時間の定めはない、好きにしろということなんですけども、じゃあ本当に毎日自分の好きな時間に来ればいいかというと、そうではない。勤務時間の決め方というのは、「今日俺眠いから来ないでやめちゃおう」とか、そういうのではなくてですね、(ii)依頼者にとって何が一番良いか、という基準で自分の勤務時間を決めるべきなんですね。「Best for the clients」、要するにお客さんにとって何が一番いいかと考える。(iii)に書いてありますけども、「依頼者のアベイラビリティを考慮すると、依頼者の通常の稼働時間中に連絡が取れること」が重要です。電話したら弁護士がつかまるというのは非常にありがたいことなので、普通だったら概ね9時〜17時はいた方がいいんじゃなかろうかということが言えると思います。事務所にいなくても携帯でお客さんとは連絡取ってるよとか、秘書と連絡取ってるよということもあるんだろうと思いますけども、所内の話でも例えば何か事件が来たよ、というときに、担当弁護士はパッと事務所を見渡してそこにいる人にその事件を振るとかいうこともあるわけで、若いうちは、事務所にいることが面白い仕事をもらえるチャンスに繋がる。9時〜17時にいるってことはたぶん、誰にとってもいいことではないかなと思います。

　それからもう1つが次の(iv)にある、「毎日決まった時間に出勤・退社する」っていうのが重要ですね。もちろん出張とかそういう場合はいいんですけども、「だいたいあの先生は9時に来てるよ」とか、「10時に来てるよ」とか、そういうのが分かると依頼者は行動しやすい。だからそういう予見可能性というのも考えてあげる必要

がある。

　面白いのが(v)なんです。何年かやってるうちに気が付いたんですけど、法務部門の人たちって、朝8時半とか9時に会社に来て、法務部長さんと「今日どうしましょう」とか「あの件どうしましょう」とか、どうもそうやって相談する人が多いらしい。で、「じゃあ、この件はちょっと弁護士に相談しよう」となってですね、10時頃に電話してきて、「先生今日空いてませんか」ということが結構ある。どうも1日の予定を朝の時間に調整する法務部は多いらしいということを考えると、朝の時間帯に弁護士が事務所に来てて連絡が取れるっていうのは、結構ありがたいと思ってもらえるだろうという話です。世の中の多くの企業法務の弁護士は、だいたい10時過ぎないと事務所に来ない。でも会社の人は8時半にはもう起動してますのでね。そういうことも考えてあげたらいい。

　(vi)「早朝型の勤務スタイル」というのは、僕がそうなんですけど、早朝型だと夕方に来た相談のメールを翌朝早い時間に返せるんですね。そうすると、依頼者からすれば夕方に相談メールを送って業務終了、1杯飲みに行って、さて翌朝9時に出社するともう弁護士からの回答が届いていた、となり、非常に無駄な時間がなくて嬉しいということになります。実は僕が一番お客さんに褒められるのはこれですね。「先生んとこに夕方に質問送っておくと、朝には回答が来てるのでとっても嬉しい」と、これはもう何度も言われた。これはいろいろ人によりけりなので、絶対そうしなきゃいけないわけじゃないけども、そういうことでもお客さんに喜ばれますよという話です。

　それからもう1つ、(vii)「早朝型だと、依頼者がそれを知るようになる」というのは、僕のお客さんはもうみんな、中村は朝6時ごろに事務所に来てるって知ってるもんですから、とんでもない人がい

てですね。僕が忙しくって日中は会議や予定でもう一杯ですって時期に、連絡が取れないと勝手に朝7時ごろに来ちゃう。朝7時ごろに勝手に来て、「あ、先生いたた、会議会議」と。そういうふうに早朝に出勤していると知って、早朝に相談しに来てくれる人もいるということです。

　で、最後の⑻、深夜型の勤務スタイルは、中村個人はあまりお薦めしない。何故かというと、僕ね、弁護士1年目くらいの時に、深夜型の弁護士と1回組んでしまったことがあって、毎日夜中の3時までやって翌朝6時にはまた来るという、そういう仕事をやったことがあって、その時に翌朝来てから夜中にやった仕事を見ると、もうガッカリするくらい出来が悪くて、「ああやっぱり、眠い中でやっちゃいけないんだな」と思ったんです。僕はそれ以来どんなに遅くても24時までには寝るって決めました。以上が出社関係。

2　仕事の段取り・スケジュールの立て方── 一般論

●RESUME・Ⅰ-2

◇　仕事を処理する順番はどうするか？
● 　仕事には、㋐今日来て、今日明日には処理しなければならないもの、㋑今日来て、1週間くらいで処理するもの、㋒今日来て、1か月くらいで処理するもの、㋓数か月先が期限の仕事、などの種類がある（期限の観点からの分類）。
● 　また仕事には、ⓐ大きな作業量が必要で、発生時点ではどのくらい時間を要するか分からないものもあれば、ⓑ日常の法律相談のように数十分とか、数時間とか、処理時間が読めるもの／短時間でできるもの、の別がある（処理時間の観点からの分類）。

→その場合どれから順に処理するか？

① まず簡単に処理できる目先の仕事をすべて片付ける。

② 次に一番重たい仕事を始める。要する時間／期間が読めない仕事は、仕事のデフォルトのリスクが高いから、まずは最初にやって、目途を立てる必要がある。不確定性の排除。また内容的に難しい仕事、気が重い仕事を先にする。

❗ 自分でスケジュールをコントロールできることが一番重要

● 数か月先で良い仕事はとっておくか？
　特に忙しくない時期でも、仕事を後回しにせず、さっさと処理してしまうこと。

∴ 今がヒマだからといって、後に仕事をとっておいて、もしその後、大事件が入ったら、仕事がパンクしてしまう。それでは大事件を受任できない。日々、できる限り仕事を処理して、ヒマになっておくことが重要。

◇　仕事を処理する順番はどうするか？

　2番目が「仕事の段取り・スケジュールの立て方」で、仕事の仕方というか、外形的な段取りですけども、ここに「仕事を処理する順番はどうするか？」と書いてあります。仕事を期限の観点から分類すると、㋐「今日来て、今日か明日には処理して回答しなければならない」という、そういう短期のものもあれば、㋑「今日来て1週間くらいでやってね」っていうものもあれば、㋒「今日来て、1か月くらいでやってね」っていうものもあれば、㋓「数か月先でいいよ」っていう、例えば原稿などの仕事、といういくつかの種類がありますね。

　また処理時間の観点から分類すると仕事の種類には、ⓐ大規模な

作業量が必要で、それを頼まれた時点、発生時点ではどのくらい時間がかかるか分からないという不確実な仕事があります。逆に、ⓑ日常の法律相談みたいに、見た瞬間でこんなの 10 分でできるよ、とか分かるものもあります。そういう、時間が読める事件と時間が読めない事件があります。

　こういう時にどこからやるかという問題ですが、僕はまず、①簡単に処理できる目先の仕事をすべて片付ける。例えばメールで来ている法律相談とか、こんなのやれば 10 分で終わるとか、せいぜい 1 時間以内で終わる、そういう仕事は片っ端から全部やっつけるんですね。後回しにするとだいたい困る仕事で早くやってほしいとか、頭の中に 5 件も 6 件もお仕事リストの件数ばかりあるよりはタッタと終わらせた方がすっきりするので、まずそういう目先の一番簡単なものを早く終わらせます。

　その次に、では 1 週間かかる仕事、1 か月かかる仕事、いろいろあって何をするんだというと、一番重たい仕事からやります（②）。一番重たいというのは、どれだけ時間がかかるか分からないとか、どれだけ作業があるか分からないなどの、不確実性の高い仕事です。これは何故かというと自分のスケジュールをコントロールするためなんです。例えばこの作業をするのに 1 か月くらいかかるかもしれないとか、原稿を書くとか、そういう仕事があって、どれだけ時間がかかるか分からないまま抱え込んでると、次に大きな事件が来た時に、受けられるようなキャパシティがあるかどうか分からないんですね。それじゃ仕事が受けられない。これが一番困るので、そういう一番重たい仕事、一番時間がかかって読めない仕事から片付けて、目途を立てる。「ああこれ、あと 1 週間で終わるな」とか「3日で終わるな」とか目途を立てるとこまではやっておく。要するにできるだけ前倒しで仕事をこなしておいて、空き時間を読めるよう

にしておく。そうすることで、切羽詰まって徹夜するとか、そういうことを回避できる。僕は、仕事は人生の半分までと思っていたので、忙しいときも1日12時間までしか仕事をしないと決めていました。そうすると、できる限り前倒しで仕事をこなして、仕事量を平準化できるようにしなきゃいけない。そうすれば毎日18時までには事務所を出て帰宅できる。自分の趣味や楽しみも享受できる。

　それ以外には、難しいとか、気が重いとか、そういう事件を先にやっつける。気が重い仕事こそ、さっさと正面から取り組んで一番最初に終わらせるというのが、大事。逃げないこと、後回しにしないことです。そういう戦う姿勢がないと仕事に押しつぶされます。

　最後の●、「数か月先で良い仕事はとっておくか」。これは、ずいぶん先でいいよとか、来年の3月でいいよとか、そういう仕事がある時に、それをずーっと、とっとく人がいるんですね。やらずにずーっと、とっといて、どうも心理的にみると、自分の仕事が全部終わってなくなっちゃうのが不安って人がいるんですね。僕の知り合いで、仕事がなくなると「ああ、俺干されてる」とかグズグズいう人がいて、そういう人は先の仕事をやらずにとっとく。これはダメです。結局締め切り間近になって別の仕事が入ったりして、徹夜になったり、いい加減な仕事になったりしてしまう。だから仕事はサッサとやると。忙しくないときでも後回しにしないでサッサとやって、ヒマになっちゃうのが一番大事。ヒマになると大きな事件を受任できるんですね。ちなみに僕のとこに大きな事件が来て、若手弁護士の誰と組もうかなってときには、手が一番空いてる人にお願いします。忙しい中ちょっと時間何とか作ってねなんてやり方をすると大変なので、基本的にはヒマな人にお願いします。ついでに言いますと僕のお師匠さんのK先生は、いつもお客さんに「先生、お忙しいでしょう」って言われたときに「いや、ヒマだよー」って

言ってました。「どうしてそういうの？」と聞いたら、「『ヒマだよ』って言わないと仕事が来ないだろ」って、言ってました。そういうことで、仕事は、どんどんこなしちゃうというのがいいということです。

3　服装などはどうするか？

●RESUME・Ⅰ-3

◇　ウィークデイに私服で事務所に来ていいか？
● 事務所に服装に関するルールはない。
　→それでは勝手にすればいいのか？
● 依頼者が見て何が一番良いか、という基準で判断すべし。
● 当事務所の依頼者は、大半が一部上場企業。スーツに慣れている。私服には慣れていない人もいる。若い弁護士が私服で仕事をしていると、そういう傾向の人かなと先入観を持たれるかも。一般的にはスーツがお薦め。
● しかしそれが流儀ということで、顧客の信頼を勝ち取れるのであれば、何でもいい。それには仕事での絶大な信頼の形成が不可欠。そういう弁護士もいる。
● ちなみに中村はしばしば私服で来ているが、参考にしないように。既に道楽の域に入っている年寄りのすることだから。

◇　ウィークデイに私服で事務所に来ていいか？
　で３番目、「服装等はどうするか」って、こんなこと言わなくてもいいんですけど、最近私もよく私服で来たりするもんですから、事務所が何となくルーズになってるんじゃないかと、ちょっと個人

的に心配をしてるんですけども、「事務所に服装に関するルールは
ない」です。自分で勝手に決めろってことなんですけども、これも
やっぱりお客さん、依頼者からどう見えるかということは考えな
きゃいけない。うちの事務所の場合はお客さんの大半が一部上場企
業で、重厚長大型の会社も多い。そういう人たちはみんなスーツに
慣れてまして、私服には慣れていない人も多い。もちろんIT系の
仕事とかで、誰もネクタイなんて持ってませんという業界もありま
すが、うちの事務所の場合はスーツに慣れているお客さんが多いと。
そういう人たちは、弁護士がラフな私服でいると、何となくいまど
きの方かなとか、そういう印象を持ったりとか、或いは、役員クラ
スの年配のお客さんになると、私服の弁護士っていうのは何となく
企業側の弁護士に見えないらしい。そういうのがあって、私服だと
なんとなく先入観を持たれるかもしれないという、ほんのささやか
な懸念がある。ということなので、まあ、どうしたらいいか分から
なかったらスーツ着てたらいいんじゃないかという程度の話でござ
います。もちろん私服が流儀で、別に仕事がデキればいいじゃない
かってことで、僕の友人の弁護士にもネクタイなんか持ってないけ
どお客さんの信頼はしっかり獲得しているという人もいますから、
そういうのでも結構ですということです。まずお客さんの信頼を得
ればどんな服装でも心配ないわけだから、それが先ですね。

4　事務所、先輩弁護士との連絡、報告、レスポンス

●RESUME・Ⅰ-4

◇　常に関係する人たちと連携がとれているように。
　●　事務所には、報告ルールなどの規定はない。

- しかしながら、行方が不明であるとか、仕事の進捗状況が不明であるとか、予定が不明であるとか、ということがあると、皆心配であるし、仕事の予定も組み替えなければならないかもしれない。秘書も困る。
  - →したがって、自分の日々の活動の予定は、きちんと分かるようにしておき、休むとき、予定にない行動をとるとき、などは秘書・事務所に連絡を入れる。出張の時は、到着時、帰途につくときなど、折々で秘書に連絡などする。
- 仕事の進捗状況については、適宜報告をし、一緒に組んだ弁護士が把握できるようにする。
- 事務所内連絡には、迅速にレスポンスする。
- 普通の会社の「上司」のような監督者はいないので、自分でどういう連絡、報告を誰にすべきか、周囲との関係に気を配ること。

◇　常に関係する人たちと連携がとれているように

さて4番目、「事務所、先輩弁護士との連絡、報告、レスポンス」ってことで、こんなのもわざわざ言うことじゃないんだけれども、「常に関係する人たちと連絡がとれているように」ってことでして、最近は、事務所にいなくても仕事ができちゃうわけで、ほとんど事務所にいないとか、家でパソコンやってるとかそういう方もいて、結構秘書が困る。秘書が、担当弁護士がどこに行ってるか分からないと困るとか、事務所にいるはずなんだけど来ないとか、どっか行っちゃったとか、あれどうなったんだろうということが結構あって、昔はみんな9時〜17時は必ずいたので、そんなことはなかったんですけどね。2つ目の●のように「行方不明だと秘書が困る」とか、「あの仕事、どうなってんのかな」とか、関係者がい

ろいろ困ります。なので「自分の日々の活動の予定は、きちんと分かるようにして」くださいと。秘書に「この時間には来るよ」とか、「この時間はどこそこに行ってるよ」とかは知らせておき、休むときとか、予定にない行動をとるときとかは、ちゃんと事務所に連絡を入れることはしてほしいと。それから出張に行く時は、現地に到着した時とか、帰途につくときとか、そういう折々で秘書に連絡して、「何かありますか」くらい確認してほしいということでございます。これは他の方々に対する配慮ですね。

　それから3つ目の●、仕事の進捗状況については適宜報告していただいて、一緒に組んだ弁護士がちゃんと把握できるようにということです。先輩弁護士と組んだ新人弁護士は、先輩への報告をしなきゃとか、そういうことにあまり気がつかないのだけど、先輩からすると、「ちゃんと仕事進んでいるのかなぁ？」というのはとても心配で、仕事の期限ギリギリに「間に合いません！」などと言ってこられたらアウトですから、先輩弁護士が予想しているタイミングとかで、進捗状況の報告があると安心します。「あれ、どうなっているんだろう」と心配になるような若手弁護士とはもう組みたくないとか思っちゃいますから気をつけてね。

　それから事務所内連絡。事務所内でいろんな、事務局から連絡があったりとか、コンフリクトのチェックがあったりとか、いろんなのがありますよね、ああいうのにはとっととレスポンスしてほしいということでございまして、会議中とかはしょうがないんだけど、そうでなければとっととやると。で、最後の●、事務所には普通の会社の「上司」みたいな人はいないので、誰にどういう連絡をしておかないと誰が困るかな、ってことを自分で考えてくださいということでございます。若いうちは、事務所内で先輩弁護士や秘書に、報告や連絡をすべきかするまいか、迷うこともあると思いますが、

迷うくらいならさっさとした方がいい。ときにこんな細かいことまで、と相手に思われることがあっても、すべき情報共有がされていないより、よほどいいです。

5　秘書にどういう仕事を依頼するか？

●RESUME・Ⅰ-5

◇　秘書に何をやってもらうかは、各弁護士と秘書の間でそれぞれ決める
(i)　当事務所の秘書の役割は、それぞれの弁護士によってかなりまちまちである。
(ii)　仕事の例は以下のとおり。
①　スケジュール管理・顧客からのアポ依頼などの処理、手帳の記載
②　飛行機・電車などのチケット、宿泊の手配
③　電話の応対（大手事務所は弁護士自ら電話を取ることが多い）
④　法律相談記録のファイリング、訴訟事件記録のファイリング
⑤　法律相談／事件リストの作成・管理
⑥　経費の精算、タイムチャージの集計・請求書の発送など
⑦　郵便物の受付・発送
⑧　弁護士会関係の手続（研修、公益活動その他）
⑨　資料などの収集、コピー
⑩　机周りの整理
⑪　会議室の手配、受付、接遇

⑫　事務用品の手配、ＰＣ関係の手配

⑬　終了記録の廃棄・保管

⑭　その他（年賀状の発送、お歳暮などの発送、著作の発送、その他の臨時の仕事）

(iii)　秘書にどこまで任せられるかで、弁護士が自分の仕事に使える時間がかなり違う。

(iv)　秘書への指示は、具体的、かつ明確に。

(v)　秘書には、依頼者、相手方、裁判所、その他の複雑な関係者から電話やメールが来る。その対応上、人間関係を知る必要があるため、秘書は相談資料などを手すきの時に見ている。

(vi)　暴力団、乱暴な電話など、秘書が困る場合には、弁護士自身が対処すべし。

(vii)　秘書が離席のときに電話が鳴ったら、一番に取るように。お尻の軽さが弁護士にとって重要。

❗ プライベートなことは頼まないのが原則

◇　秘書に何をやってもらうかは、各弁護士と秘書の間でそれぞれ決める

　さて、それから５番目が、「秘書にどういう仕事を依頼するか？」ということで、秘書との仕事の分担というか、何をお願いしたらいいんだろうかということで、実はこれはうちの事務所は弁護士によって全然違うと思います。これはそれぞれ自分たちがやってきた流儀があるので、全然違ってますので、ここでは(ii)「仕事の例は以下のとおり」として中村のケースを例に書いています。例えば①「スケジュール管理・顧客からのアポの手配、手帳の記載」と書いてますけど、僕の場合はすべて秘書が取り仕切るようにしてます。

僕が勝手に予定を入れることはあんまりない。ほぼないですね。何故かっていうと、弁護士と秘書が両方で入れるとダブルブッキングしやすい。だから基本的にアポの依頼の調整とかはみんな秘書にやってもらってます。メールとか電話とかでアポの依頼が来たらダブルブッキングしないように、秘書が全件管理してます。会議室の空きの確認・手配もありますし。それから手帳の記載は、これは僕の手帳はプライベートな物じゃないということになってまして、秘書が勝手に僕の手帳を持ってって開けて見てます。で、予定が入ったら秘書が勝手に書き入れます。僕はそういう流儀で、手帳は秘書との共有物って思ってます。一方で弁護士の中には手帳は俺のプライベートな物って思ってる方もいます。そうすると手帳を秘書が勝手に見るってことはないので、自分で見たり書いたりすることになります。管理方針はどちらでもいいんですが、共有物なのかプライベートな物なのかはどっちかに決めておかないといけない。曖昧なままだと、例えば、予定を入れたんだけども、秘書は手帳を勝手に見て書いちゃいけないって思っていて書かず、本人も書き忘れるとか、そういうこともありうる。スッポリ抜けないように、どっちかに決めて、秘書と連携を取っていただいたらいいと思います。スケジューラーを利用している場合も同様にルールを決めておくこと。

　そして②はいいとして、③の電話の応対。うちの事務所は電話が鳴ると秘書が取ります、原則として。たぶん、大手事務所は弁護士が自分で取る人が多いと思う。逆にうちみたいな訴訟系の事務所の場合には、秘書が取るところが多いと思います。何故かっていうと訴訟系の事務所の場合は、敵（訴訟の敵・紛争の敵）やいろんなところから電話が来るんですね。つまり依頼者以外の人からもいろいろ来る。そこでいきなり弁護士が電話を取ると、居留守が使えないという問題がある。「今はあいつと話したくないんだ」とか、

「ちょっと待たなきゃいけないんだ」とか、そういう時もありますので、だいたい訴訟系の弁護士は自分では取らずにまず秘書が取ると。で、つないでいいかを弁護士に確認してからつなぐっていうことをやってますが、これはどうするかは自分で考えていただいて結構です。それぞれ自分の流儀で結構ですのでね。それから④～⑧はお願いしますよということですね。

　⑨に「資料の収集とかコピー」とか書いてありますけども、うちの事務所では、裁量のあるような仕事は、基本的には弁護士が自分でやるんです。パラリーガルさんみたいな人はうちには置いてない。調査っていうのは、弁護士が自分で考えて、何をどう調べるかっていうことを、自分で決めるものなんだというふうに僕らは思ってるからです。何故かっていうとね、自分で何を見たか、何を見てないかってことを知らないと、網羅性についての自信が持てないんですよ。「俺はこれで日本中のすべての文献を調べた」っていう自信が持てると、「だからこうだぞ」って、お客さんに自信を持って説明できるんですね。だけども、自分でやらないで誰かに、「この論点、調べといてね」と言って調べてもらうとですね、何を調べたか分からないから自信が持てないんですね。それじゃ困るので、基本的には、秘書とか事務局に資料のコピーとか頼むときは、「これを取ってきて」っていうふうに、ちゃんと特定したもののコピーを取ってきてもらうとかですね、例えば図書館行ってこの文献のこのコピーを取ってきてねとか、そういう作業の部分だけをしてもらってます。

　あと⑩に机の周りの整理っていうのがありますが、これはやってもらう弁護士とやってもらわない弁護士がいます。僕はもう勝手にやってもらって構わないんですけど、うっかり秘書が触ると、何がどこに行ったかわかんなくなるという弁護士もいるんですね。こう

いう「絶対触るな」って言う人もいるので、これも曖昧にしておかないで、秘書とちゃんと、整理はしなくていいよとか、してちょうだいねとか、ちゃんと決めておいた方がいいですね。で、⑪〜⑭、これは書いてあるとおりですね。

その下の(ⅲ)に「どこまで任せられるかで、弁護士が自分の仕事に使える時間がかなり違う」と。僕みたいにもう30年以上弁護士やってると、いろんな秘書がいたわけでございまして、秘書に任せられる仕事の範囲によって弁護士ができる仕事の量が最大3割くらい違ってくることを実感しています。ですからちゃんと秘書がいい仕事してくれるとありがたいということです。

(ⅳ)「秘書への指示は、具体的、かつ明確に」と。「何となく自分もよく分かんないけど、なんかこんなふうにやっといて」みたいな、そういう不明確な指示では秘書は非常に困るので、ちゃんと弁護士は、自分で責任をもって明確な指示をしてください、ということです。分かんないことを秘書に押しつけるなということ。

(ⅴ)はみなさん知っとくといいんですけど、依頼者とか相手方とか裁判所とか、いろんな人たちから電話やメールが来るので、そいつが敵か味方かとかね、今どんな状況かってことを知っていないと応対できないことがあるので、秘書ってね、「これファイルしといてね」ってパンって書類を置くとですね、ただパッとファイルに入れるんじゃなくて、中身を見てることが結構あるんですよ。で、「ああ、これはこいつとこいつがこういうケンカしてるんだ」とか、「こいつは実は関係者であるけども敵ではなかった」とかね、そういうことを見たりしてるんです。実は秘書ってね、弁護士が見えないところで結構いろいろ努力をしてるんだと、いうことでございます。

その次、(ⅵ)。暴力団とか乱暴な電話とか結構ありますよね。ああいうので、秘書が困る場合は「はいはい、俺がやります」って弁護

士が自分でやんなきゃいけないよということでございます。嫌な仕事を自分でする人としない人では、尊敬のされ方が違います（笑）。

それから最後の(vii)に、秘書がいないときとか、出社前とかに電話が鳴ったらとっとと取れというのがありまして、これ実は僕、弁護士になった１日目に怒られたんです。僕は森綜合に入って、初日に朝早く行ったのね。理由があって早く行ったんですけど＊、机に座ってたら電話が鳴った。「あ！　電話が鳴った、どうしよう」と思って、じーっと電話を見てたんですね。そしたら後ろの方でＱ先生がパッと電話を取って「ハイ、森事務所です。ああ、ナントカさん、ああ、９時になったら来ますからー。ハイ」とかやってですね、その後「馬鹿野郎、電話は早く取れ！　弁護士はケツが軽くなきゃダメなんだ！」って怒られまして。それが弁護士初日の朝８時ごろの出来事でございまして、いまだに覚えてるんですけど、ケツが軽くてどうすんだってその時は思ったんですよね。だけどいろんな弁護士を見てて、咄嗟に動く弁護士と咄嗟に動かない弁護士、すぐに動く、反応がいい弁護士と、そうでない弁護士を見てると、だいたい８割方、腕のいい弁護士は尻が軽いんだな。そういうことが30年以上弁護士やってると分かるんですね。なので、何かあったらパッと動くっていう、お尻の軽さって大事なので、やってくださいね。一番最後、「プライベートなことは頼まないのが原則」っていうのは、実は中村がですね、税金の支払いとか全部秘書にやってもらってまして、これは実は森綜合でパートナーになった時からずっとやってもらってるんですが、本当はダメです、ということです。

＊　「事務所で座る席は空いているとこならどこでもいい、早い者勝ちだ」といわれたので、初日早く行ってのちのお師匠さんのＫ先生の隣の席をゲットしたのである。

6 ビジネス・マナー

●RESUME・Ⅰ-6

(1) 電話の仕方

[かけるとき]

● 対顧客「（わたくし）弁護士の○○と申しますが、××課の△△様（さん）いらっしゃいますか？」

→不在時「それではまた後ほどお電話致します。お電話申し上げたことだけお伝え下さい」

＊ あまりコールバックの伝言は残さない。

＊ 電話番号を残す場合には、相手が書き取れるようにゆっくり話す。

● 対裁判所（受付）「地裁、民事、○○部、い係、お願いします」

＊ 簡潔に、聞き取りやすく、単語ごとに切りながら。

（対係属部）「（弁護士の○○と申します。）事件番号を申し上げます。平成○年（ワ）第○○号、い係、ご担当の△△書記官、お願いします」

（対書記官）「わたくしは、（昨日期日のありました○○と××の件ですが、）原告××の代理人の弁護士○○です」

● 対警察（受付）「弁護士の○○と申しますが、看守の係をお願いします」

(2) 電子メールの仕方

● 若者と年配では言語感覚が違うので、最初は先輩に確認しながら。

(1)　電話の仕方

　はい、では6番目がビジネス・マナーですね。「電話のかけ方」。こういうのはつまんない話なんですけど、僕も弁護士になって1年目、一番最初は、「電話かける時なんて言うんだろう」というのはやっぱり「？」でしたね。それまでお友達との電話しかしたことがないので、全く分かんなくってですね、どうしたもんだろうと思いましたね。なので参考に一応ここにいくつかの例を書いてます。例えばお客さんに電話をするときは「弁護士の○○ですが」とか、で相手を「××課の△△様（さん）」とか、そんなふうに言ってね。ここはね、「様」と言ったり「さん」と言ったりいろいろあります。最近は「様」というのが多いかと思いますが、僕らみたいな年寄りは「さん」っていう方が多いですね。相手が不在の時は「また後ほどお電話します」ということで結構ですけどね、ここに「あまりコールバックの伝言は残さない」と書いてます。これは中村流です。何故かっていうとですね、「コールバックしてね」って言っといて、その後電話が来たらこっちは会議に出てるとか、どっか行っちゃったとかいうことが多くてですね。電話をよこせと言っといて、電話

したらいないっていうのも失礼な話ですので、僕は必ず「後ほどまたお電話しますね」ってふうにやります。

その下に「電話番号を残す場合には、相手が書き取れるようにゆっくり話す」と書いてあります。依頼者とかそういう相手方が、「じゃあ電話ください」なんて言って電話番号を早口で「○○○の○○○○」とかってワーって言って、ハイ、ガチャンと切っちゃったりする人がいるんですね。秘書が書き取れないってことが結構あります。あれは、書き取れない秘書がいけないんじゃなくて、相手が書き取んなきゃいけないのに、書き取れるスピードでしゃべれない方がいけないっていうことですね。なのでね、自分が電話番号を残すときは必ず、向こうさんが書き取れるようにゆっくり話すと。そうすると、「あ、この人はこっちの立場が分かる人だな」と相手に思ってもらえますね。

裁判所に電話する時には、いちいち弁護士のナントカとか要らないので、まず受付が出たら「地裁、民事、○部、○係」というふうに、切りながら言うと、受付の人がパッパッパッてメモして、そこから回せるんですね。ですから必要な事だけ言うと。で係属部に回ったら、弁護士のナントカって言ってもいいんですけど、僕の場合は、「事件番号申し上げます」って一番最初に言うんですね。そうすると書記官の人が、ちゃんとメモ持ってるので、すぐ書く態勢になるんですよ。で、「平成○年(ワ)○号○係、ご担当の○○書記官お願いします」、ていうふうに言うと、ちゃんと書き取って、ハイって書記官に渡すんですね。それから書記官が出たら「昨日期日のありました○○と××の件ですが」とか「明日期日の予定がある○○と××の件ですが」って、言うと一発で書記官は分かるんですよ、ああ、あの件ねと。何故かっていうと書記官は、この先2、3日先までの、或いは1週間先までの記録は手元に出してるんです。

裁判官に渡さなきゃならないから。で、終わった事件の記録も、調書を作るために手元に残してるのね。だから実は、前後数日の記録は全部頭に入ってるんですよ。だから「あの件の代理人です」って言うと、ああ、あの先生ねってすぐ分かるので、こっちの方が早いのでそう言います。警察へ捕まった人の拘留の接見とか行く時には、「弁護士の○○ですが」って必ず言う。警察は弁護士の○○って言わなきゃダメなんです。これ言わないと、いろんなところから電話がかかってくる所なので、どういう立場なのか相手が分からないんですね。弁護士って言って、看守の係をお願いしますって言うと看守の方に電話がまわって、また弁護士ですって言う話をすると。まあそんな感じです。

(2) 電子メールの仕方

それから「電子メールの仕方」は、これはいろいろ違うのでね、内容はみなさん最初は確認しながらで結構です。例えば「了解です」って言葉は今は当たり前に使うでしょ。でもね、20年くらい前に初めて「了解です」って言葉を言う新入社員が出てきた頃は、僕はびっくりしてね。「了解です」っていうのはその当時は総会屋が総会で言うだけだった、日本中で。

(3) その他のビジネス・マナー

ちなみに(3)で、お辞儀の仕方とか名刺の交換とかタクシーの位置とか、いろいろ書いてます。僕は全然こういうの気にしないので普段みなさんとタクシーに乗る時に、上座に座ろうとはしてないです。上座まで行くの面倒くさいからね、あの運転手の後の席ね。だから僕は実は助手席とか、後ろの左側がよくって座っちゃうんですけども、僕らだけ、身内で座る場合はあれでいいです。或いはエレベーター

なんかの乗り方も身内だけならそれでいいです。ただね、お客さんが見るところに行く時、例えばお客さんが出迎えに来てるところにタクシーで着くような場合は、一番先輩の弁護士が助手席に座ってると、「この事務所はなんてマナーが悪いんだろう」と思われて、若い先生はコイツ馬鹿じゃないかと思われるかもしれない。それは気の毒なので、僕の場合には、お客さんが見てるところから出発する時と、お客さんが見てるところに到着する時には、しょうがないから、この中じゃ一番年寄りだから、タクシーの運転手の後の席に座るようにするんですけども。僕らだけだったらそんなのどうでもいいです。ちなみに先日ビジネス・マナーの本を4、5冊買ってきました。うちにそんなもんなかったんだよね。ただね、あれ実は僕はお薦めではないんです。何故かっていうと、ビジネス・マナー本のマナーは基本的に、会社の営業マンの新人が学ぶべきマナーなんですよ。あれはあんまり弁護士にはピッタリしなくてですね。弁護士は何というかね、あそこまで営業に徹するようなことはしない方がいいので、一応、世の中はそうだなって知るくらいで結構でして、営業マン向けと、弁護士と依頼者との関係とかね、弁護士と裁判所との関係とかね、違いますのでね。だから、買ってはおいたが、まあ、ご参考までに、ということでございます。

7　気をつけるべきこと

●RESUME・I-7

(1)　遅刻をしない／すっぽかさない
- 会議に遅れない。裁判所に遅れない。すっぽかさない。
- 遅刻は、依頼者、関係者の信用を一気に失う。

- どうすれば、それができるか？

  →会議などは、今週の予定、来週の予定、明日の予定など、日々確認して、どのような準備が必要かを考え、その準備をする習慣を付けると、その予定を忘れることはない。

  また移動時間の予測は、慎重にする。交通機関はすべて所要時間にぶれがある。標準偏差の6つ分（6σ）くらい確保するつもりで時間に余裕を持たせる。余った時間は、その会議などのシミュレーションを頭の中でして、有効に使う。

(2) 仕事の納期に遅れない

- 法律相談であれ、意見書の作成であれ、一度でも依頼者の納期に遅れた者は、二度と依頼者からお声がかからないと思うべし。会社の人たちも、社内で予定を組んで準備しており、もし仕事が遅延すれば、法務の人たちが社内で責任問題となる。1回でも遅れると、そんな不安な弁護士に依頼する気などなくなる。

(3) 物をなくさない

- 弁護士は、物をなくすことがよくある。しかしなくさない人は、ほとんどなくさない。物をなくすと、その探索のため、当人、秘書などが、さんざん無駄な時間を使わされる。手帳やスマートフォンなど秘密情報が入っている物をなくしたときは深刻。

- 「物をなくすのは性格だからしょうがない」は、間違い。科学的に対策を取れば、誰でもなくさないことが可能。

  →個人の性格の問題ではない。

  ① 事件記録は、一度に1件しか机に広げない。

  2件以上の事件記録や法律相談を同時に広げてしまうと、片方の件の資料が他方のファイルに紛れ込む恐れがある。そうなると二度と発見することはできない。だから、一度に机

に広げるのは1件だけ（鉄則）。

② 物がなくなる場所を作らない。

物がなくなるのは、なくなる場所があるから。例えば机の上に、たくさんの資料や文献、文具などを積み重ねたりしない。机の天板が見えないというのは絶対不可。そういうところに紙一枚置いたら、既にどこに行ってしまったか分からなくなる。机の足元にたくさんの資料や雑誌、物などを積み上げない。一目で見えない物がないすっきりした環境にする。

③ 物は必ず決まった場所に置く。

手帳の置き場所、スマートフォンの置き場所、弁護士バッジの置き場所、などなど、必ず決めておく。場所を決めておくことで、「あるべき物がないことが一目で分かる」、「ないはずの物があることが一目で分かる」。この、意識せずとも、紛失、忘れ物が発見できることが重要。

④ タクシーなど乗り物では必ずスマートフォンは鞄にしまう。

使い終わった後に、手に持っていたり、タクシーの座席に置いたりしない。電車では、網棚に荷物を載せない。

(4) 忘れ物をしない方法

● 出かける前に、必ず必要なものが何であるか頭の中でチェックする。家を出るときには、スマートフォンや手帳その他、必ず、鞄や背広のポケットなど決まったところに決まった物を入れる。事務所から裁判所に行くときは、必ず必要な物を確認する。バッジ、訴訟記録、証拠原本、手帳、筆記用具など、指さし確認。

(1) 遅刻をしない／すっぽかさない

さて7番目、「気を付けるべきこと」ということでここから留意事項ですね。まず「遅刻はするな、すっぽかすな」ということで

「会議に遅れない。裁判所に遅れない。すっぽかさない」とあります。そういうことやると依頼者とか関係者の信用を一気に失うということです。では、どうすれば遅れない、すっぽかさないことができるか。僕は自分の仕事の予定が長短期、今日明日、或いは1週間後、1か月後、そういうのまで頭ん中に常に入ってて、どの仕事をいつしなきゃいけない、どの仕事をいつやるっていうことをね、ずっと考えているんです。例えば今日朝一でB社の会議があったんだけども、昨日から僕は今日の会議どう進めようかなってずっと考えてるわけですね。そういうことをやってるとその会議を忘れるなんてことはあり得ないわけです。その会議や予定の準備をしていれば、忘れることはあり得ないということです。例えば1週間分の仕事が頭に入っていて、「この会議の準備をここでして、この講演会の準備をここでして、朝はメールの相談の回答をして」などと1週間の仕事の段取りを頭の中で整理しておけばいい。そのとき、比較的長期の仕事があると、これは忘れやすい。例えば講演会の場合、1か月以上前にいったんレジュメや資料を作成してお届けする。そして1か月後くらいに講演の当日が来る、ということになるんですが、1か月前のレジュメの作成などは忘れやすい。僕は講演会の予定だけ1枚の紙に書いておいて、それを机の前に貼っていました。講演会の日を書いて、レジュメと資料の提出を終えると丸をしておく。すると机の目の前だから、しばしば目に入るので、日付と丸の有無を見て「あ、ぼちぼち作らなきゃ」と気がつく。原稿をたくさん抱えていた時期は原稿の締め切り日も一覧表を作っていたことがあったけど、途中から原稿は締め切り日基準ではなくて、発生日基準で起案してしまうようになったので、原稿の締め切りに遅れるなんてことはあり得なくなったので、そういう一覧表はやめました。

　それからそもそも手帳にスケジュールを書き忘れることがないよ

うにということもあります。僕の場合には、原則、秘書が全件予定を入れるので、秘書が手帳にも書いてくれています。稀に自分が入れたスケジュールは、すぐ秘書に伝えることを忘れないようにしています。例えば裁判の次回期日などです。そうやって手帳の予定が信頼できるものになれば、意識から欠落することはありません。

　予定は分かっているのに寝過ごしたとか、そういう理由で遅刻するのは論外ですね。そういう人は、意識が低すぎる。心配がある人は、就寝時間に気をつけるとか、目覚まし時計をしっかりセットするとか、責任ある行動をとらなきゃダメ。ちなみに僕は朝、目覚まし時計をかけるなんてことは年にいっぺんもないです。勝手に目が覚めて起きますね。何か「起きなきゃ」っていうことがあると必ず目が覚めますね。と言っても何もなくてもどうせ午前3時とか4時に目が覚めちゃうんですけどね。

　それから「移動時間の予測は慎重に」しなさいってことでして、例えば裁判所に10時に行かなきゃって時に、ここで9時50分にタクシー乗ったら10分で着くかもしれないなんて、そういうギリギリはダメでして、ここに「標準偏差の6つ分（6σ）」だ、と書いてございます。「6σ」と言ってすぐピンとくる方はあまりいないかもしれないけれど、これは簡単に言うと、標準偏差上下3つ分なので、偏差値でいうと80という意味です。もっと簡単にいうと1,000のうち2つくらいは外れるぐらいのイメージです。つまり、1,000回行ったら998回はセーフになるような、そのくらいで行けという話です。例えば僕はここから裁判所まで何度も何度も、10何年通ってますけども、普段は10分、最大で25分。30分かかったことはない。何で25分かかるかというと、皇居から馬車とか皇族の方が出てくることがあるのね。そうすると交通が止まっちゃうんですね。あれで25分かかったことはあるんだけど、ギリギリに行っ

て慌てるよりは、先に行って余裕の時間で頭の中でやるべき仕事のシミュレーションしておこう、ってことです。

(2) 仕事の納期に遅れない

次に行きますと、「仕事の納期に遅れない」とありまして、例えば法律相談の回答とか意見書とかの納期は絶対遅れちゃダメです。僕も30何年やって納期に遅れたことは1回もないですね。何故ダメかっていうと、僕らと、相談に来ている法務の人たちの、その2人の間だけではなくてですね、遅れると法務の人たちが社内で責任問題になりかねないんですね。だいたい法務は自分たちのところで問題を起こすことはなくて、営業部隊とか製造部隊とかいろんな部隊で起きた問題をやってるので、いろんな部署と連携してるわけです。で、弁護士の意見書が来たら社長に相談してとかいうふうに、段取りも組んでるので、もしこちらが「遅れました」ってことになるとですね、社内でとんでもないことになってですね、「この先生は頼んでも期限までにやってくれないかもしれないんだ」とか思ったら、怖くって怖くって二度と頼む気がしなくなっちゃいますので、これは気を付けてください、ということでございます。

(3) 物をなくさない

それから「物をなくさない」というのがありましてですね、弁護士はね、よく物をなくすんだ。何でもしょっちゅうなくす人がいてね。しょっちゅう携帯とか手帳とかなくしてね、秘書が一生懸命あっちのJRとかこっちのタクシーとかいっぱい電話して、「落し物はありませんでしょうか」ってなっていました。「あれは性格の問題だ」と、「だからしょうがないんだ」とみなさん思いがちなんですけども、これはそうじゃないんですよ。物をなくさないってい

うのは、科学的に対策を取れば誰でもできます。科学的な解決策が
あるんですね。それを下に①から④まで書いてます。

　まず①。「事件記録は一度に１件しか机に広げない」んです。例
えばＡ案件の仕事をやってる時に、こっちにＢ案件の記録を広げ
るとかね、そういうことやっちゃダメなんですね。何故かっていう
とね、こっちの資料が紙１枚でもこっちに混ざっちゃったりすると、
二度と発見できないです、これは。絶対に発見できないです。こっ
ちにある資料が、その後また何日かしてからまた使おうと思ったら、
「あれ、ないな、ないな。おかしいな、どこ行っちゃったんだろ
う？」って探す時には、こんな全然違う資料に入ってるなんてまっ
たく思いつかないので、紛れたら絶対見つからないです。ですから
これは鉄則なんです。一度に自分の机の上に１件しか広げちゃいけ
ない。２件目を広げなくちゃならないときは１件目を全部片づけな
きゃいけないということですね。これが１コめ。

　②が「物がなくなる場所を作らない」というのがあってですね、
物っていうのはなくなる場所があるからなくなるんですよ。例えば
資料とか書類とかをワーっていっぱい机や足元に積んでると、そこ
に紙１枚、ポッとあってもですね、もうその次の瞬間にはどこにあ
るか分からない。どこかに挟まってるかもしれないし、下に落っ
こったかもしれない、全く分かんない。つまり、ゴッチャにいろん
なものが積み上がってる状況っていうのは、「物がなくなる場所」
なんです。僕の机を見ていただくと分かるんだけど、そういう場所
がどこにもないのですよ。ですから、絶対なくならない。だからま
ず、物がなくなるような場所を作っちゃいけないということで、足
元とか机の上とか、いろんな物を積み上げるとかいうことをしない。
どんどん片付ける。捨てる物はどんどん捨てるということでやって
かないといけない。ここに「一目で見えない物がないすっきりした

環境に」しましょうとありますね。探さないと見えないというのはダメなんですね。パッと見た瞬間に、あ、ここに印鑑がある、眼鏡がある、ここに手帳があるとか、一目で見えるようにするということです。これが2つ目。

　③「物は必ず決まった場所に置く」というのがあってですね、腕時計はここに置くとか、手帳はここに置くとか、携帯はここに置くとかね、これがまた重要なんです。何故かっていうと、場所を決めておくと、「あるべき物がないことが一目で分かる」んですね。或いは、「ここにあっちゃいけないハズの物が一目で分かる」んですね。この「一目で分かる」というのが重要で、例えば僕が裁判所に行ったのに机のところに手帳が残っていると、秘書がパッと見た瞬間に、「あ、あいつ手帳忘れやがった」って分かるわけです。或いは僕が普段携帯を置いてるところにパッと見たら携帯がないってことになると、「あ、どっか行っちゃった」、ってことが分かるでしょう。実はこの「あるものがない」「ないものがある」ってことが分かるのがとっても重要です。

　この②と③ってね、実はなんで中村がこんなことを知ってるかっていうと、これは日本の工場の管理の仕組みなんですよ。日本の工場ってね、僕は工場見学が大好きなんで何度か行ってるんですけど、工場に行くととってもきれいなんですよ。日立さんもトヨタさんもどこもね、みなさんきれいなんですよね。何故かっていうとね。例えばペンチでもね、うちのこの工場にペンチが5つあると、ここに1、2、3、4、5って掛けるところが5つありますと。で、使い終わったらみんなここに戻しますということにしていると、パッと見た瞬間に1コなければすぐ分かるでしょ。で、あ、どっかにペンチ1コ置き忘れてるよってことがすぐ分かる。床もきれいにしてありますね。その何がいいかっていうと、例えばそこにオイルが1滴垂

れてたらきれいにしてある床だと通った瞬間に、「あ、オイルが1滴漏れてる」って分かりますね。これ何が重要かっていうと、オイルが1滴漏れてるっていうことは、そこを通った何かの機械とか上の機械とか、どこかにオイル漏れがあるってことなんですよ。そうすると事故につながる可能性があるので、これはすぐ調べなきゃっていうんで、どの機械がオイル漏れを起こしたかってことを、すぐ調べに行けるわけですね。つまり、見ようとしてるわけじゃない。見ようとしてるわけじゃないんだけども、そこに来た瞬間に目に入って見えちゃう。で、「あ、油が1滴落ちてる」って分かる。これが床が汚かったら油が1滴落ちてようと何しようと、いつも汚いんだってことで気づけないですね。その「異常を察知することができる」ってことが重要でして、そのために、物がなくなる場所を作らない、物は必ず決まった場所に置く、常にきれいにしておくってことをやっておくと、まず物はなくなんないし、なくなったらすぐ分かるってことでございまして、そういう工場管理の手法なんですね。で、この①②③をやっとくとね、たぶん、今普段物をよくなくしてる人も100件中99件くらいはこれでなくさなくなります。ですからね、弁護士を、まあ寿命が来るまで弁護士やったとして、普通だったら100回なくすところが、1回で済むぐらいになりますので、こういうことでうまくやってくださいと。

　④、「タクシーなど乗り物では必ずスマートフォンは鞄にしまう」こと。使う時には使った後には必ず手に持ってたりしないで、また鞄にしまうと。あと、電車では網棚に荷物を載せない。まあ、このくらいのことはしてくださいと、いうことです。

⑷　忘れ物をしない方法
　それからあとは「忘れ物をしない方法」ってのがその下にありま

して、これは「出かける前に、必ず必要なものが何であるか」ちゃんとチェックしようね、ってそういう作業をするクセを付けようということです。家を出る時、或いは事務所を出る時、必ず決まったところに決まったものを入れるっていうふうにやっとくといいですね。僕の場合、事務所の机にいてそこから会議室に入るときは、椅子から立ったときに「記録、六法、手帳、筆記用具……」と、持っていく物の確認をします。外出するときもそう。また出張とか、現地調査とか、そういう場合には、現地に行って何をするか段取りのシミュレーションをしてみます。ここでメモ書きをするのでノートが必要だとか、検算はするので計算機が必要だとか、重要な資料に付箋を貼っていくから付箋が必要だとか、持ち出しができない物は写真を撮るからカメラが必要だとかです。そうするとそこでいちいち何が必要かということが分かります。それを用意すれば、忘れ物はなくなります。往訪先を退去するときは特に確認が重要。宿泊先のホテルとか、往訪先の会議室とか、会場とか、そこを退去するときに入念に持ち物確認をしないで忘れると大変。スマートフォンとか資料を忘れると秘書が大騒ぎになります。

第 II 講

仕事の進め方

1　仕事はどこから来るか？

●RESUME・Ⅱ-1

◇　新人の場合、仕事は事務所の他の弁護士からお声がかかる。

　(i)　先輩弁護士は、なるべく面白い事件を新人・若手の弁護士に
　　ふってあげたいと思っている。勉強になるから。

　(ii)　一方、先輩からすると、新人と組むと、かえって手間がか
　　かって負担が増加する。本当は面倒だ。仕事ができる中堅の弁
　　護士と組んだら楽ちんだ。それでも新人にチャンスをあげよう
　　と思っている。

　(iii)　ヒマなときは、事務所内営業をする。御用聞きだ。実は、各
　　弁護士は、他の弁護士がどれほど忙しいか、分からない。「なん
　　かあったら振って下さ〜い。ヒマで〜す」と言っておけば、声
　　がかかる。またこういうタイプの事件がしたいという希望を
　　持ったら、あちこちに言って回る。そうすれば、そういう仕事
　　が来たときに、振ってくれる。

　　→仕事は、労働としてやらされるのではなく、自分が成長する
　　　ための糧。自分が一流の弁護士になるため、チャンスは自分
　　　から拾いに行く。

◇　新人の場合、仕事は事務所の他の弁護士からお声がかかる

　はい、次に行きます。ここからはいろは編じゃなくて第Ⅱ講「仕
事の進め方」ということで、仕事はどうやってやりましょうか、と
いう話です。これまではマクラでございます。マクラだったんです
ねぇ。で、まず1番目「仕事はどこから来るんでしょう」というこ

とです。これは、新人の弁護士の場合には、仕事は事務所の他の弁護士からお声がかかるということです。先輩弁護士は、新人にはなるべく面白い事件を当ててあげたいなと思っています。何故かというと勉強になるからということでございます。いろんなやったことのない事件とか、重要な事件とか、振ってあげたいなと思ってます。よく知っといてほしいんですけどね、(ii)「一方先輩からすると、新人と組むと、かえって手間がかかって負担が増加する」んです。新人がいる前でこんなこと言っちゃ申し訳ないんだけども、実はベテランの弁護士になると、自分でやった方が遥かに早いんです。新人と組むと、まず「やってね」といって、その間じっと待ってなきゃいけなくて、それを今度は直す作業があったりと負担が増えたりしてですね、組まなきゃあっという間に終わったのになんてことは、しょっちゅうあるんですね。だけどもね、それでも新人と組んであげようとするのは、それはやっぱりちゃんと一人前の弁護士になってもらわないと気の毒だからということです。昔、僕が弁護士になって1年目、下手っクソで下手っクソでしょうがない時にですね、それでもK先生だけは一緒に組んでくれましてね。ある日酒を飲みながら、「先生は何で僕に仕事振ってくれるんですか」って聞いたことがあります。そうしたら「だってお前仕事下手だろう」と。「下手だと仕事つまんねぇからな。だから仕事上手くなるように振ってんだ」とK先生が言ってくれたことがあったんです。みんな、先輩弁護士は実はそういうふうに思ってるんですね。ですからね、下手っクソは仕事つまんない、上手くなってきたら仕事楽しいからということでございまして、そうやってみんな、上手くなれよと思って新人に事件を振っています。

　(iii)には「ヒマなときは、事務所内営業をしましょう」ってことで、「ヒマだなー、困ったなー、何か来ないかなー」って思った時はで

すね、ただ事務所の中をブラブラして、「先生何やってんの」とか「今度こんな事件ない」とか「何かあったら振ってね」とか、「ヒマなのよ」とか声をかける。実はね、自分の方から積極的に動いていいわけでありまして、「今度こんな事件をやりたいと思ってるんです」とか、「M&Aをやりたいと思ってるんです」とか、「総会の指導をやりたいと思ってるんです」とか、何かそういう希望があったら、言っとくとね、そういう事件が来た時に必ず振ってくれます。何故かっていうと先輩の弁護士の方は、実は誰がどんな事件をやってるかっていう事務所内の全体像は見えてないんです。例えば新人のA弁護士さんって何をやってるんだろうっていうのは、実は全然分からない。自分と組んだ事件の分しか分かってないので、A弁護士が他の弁護士と組んでいる事件なんか分かんない。何をまだやってないとか、今度こういうのやりたいと思ってるとか、そういうのも分からないので、新人さんは自分から言ってくれるといいなと思います。最後の矢印のところですが、仕事って、うちの場合には労働者としてやってるわけじゃなく、自分が成長するための糧だよってことでございます。何しろアソシエイトの時代は、自分が一流の弁護士になるのが一番大事でありまして、そのためにチャンスは自分から拾いに行こうってことですね。

2 受任時の処理

●RESUME・Ⅱ-2

(1) 受任時に何をチェックするか？
● 新規依頼者の場合、属性のチェック。暴力団関係者でないか？事件を起こした者でないか？信用できる者か？総会屋、事

件屋、高利貸し、みんなダメ。敵対的買収者の場合は、先輩弁護士に相談。日経テレコンやインターネットとかで検索。

→当事務所の場合、反社関係者からの受任は御法度。他の顧客からの信頼が地に落ちる。企業法務の世界は、あちら側の弁護士とこちら側の弁護士がはっきり分かれている。あちら側に行ったら、おしまい。

● 既存の事務所の顧客はチェック・フリー。上場している大会社の場合も通常は問題ない。個人の依頼者の場合は、要注意。反社というわけではないが、他の弁護士に依頼してトラブルになっているなどのケースが多い。その場合、信頼関係が築けないとか、報酬を支払わないとか、いろいろ問題を起こすことがある。知り合いの弁護士や既存顧客からの紹介・依頼なら、それほど問題はないことが多い（うちの事務所の場合）。

(2) コンフリクトのチェック

● 弁護士法及び弁護士職務基本規程で受任が禁止されているものがある。

● 企業法務の世界では、しばしばこの制限に抵触する依頼が来る！

→必ず弁護士法と弁護士職務基本規程、その解説書などはきちんと読んでおくこと。

● 弁護士法25条は、職務を行えない事件を定めている。

● 弁護士職務基本規程27条、28条が職務を行えない事件を定めている。

共同事務所については、規程55条から60条。

→頻繁にコンフリクトが発生する。

［事　案］

① 顧問先の会社取締役の人から「実は社長が横暴なので解任したいのだが」と相談されたら？

(1) 受任時に何をチェックするか？

それから2番目「受任時の処理」ということで、仕事を受ける時に何をするかという話です。「受任時に何をチェックするか」。まず、「新規依頼者の場合、属性のチェック」というのがあってですね、うちの事務所は真っ当なお客さんが多いので、そういうのはあんま

りないんだけども、暴力団関係じゃないかとかね。結構若い先生の
ところにはこういう誘惑が来るんです。これまた僕が1年目の時に
ね、5月に郵便で、「うちの顧問になってください」というレター
が来たんですね。今でも覚えてるんだけど、A産業っていう名前な
んですけど、「何だろう」って思って開けてみたら、会社のパンフ
レットが入っててですね。写真も載っててね、よく見てみるとオ
フィスの写真なんだけども、机が4つくらいあって、電話が置いて
あって、でもそれ以外何の書類も置いてない。そして座ってる人が
ね、全員パンチパーマなんですよ。「これは何だろう？」と思って
ですね、先輩の弁護士に「こんなの来たんですけど、これ何でしょ
うかね」って聞いたら、「あ、これな。若い食い詰めた弁護士相手
に、事件屋の名板貸し、名板貸しの若造を探してんだよ」と。要す
るに若い弁護士の看板で、弁護士事務所だってフリをして、事件屋
とか高利貸しみたいなことをやってる連中がいるということですね。
そういう危ない人も来るので、気を付けなきゃいけないと。それ以
外にも事件を起こした者でないかとか、信用できる人なのかとか、
総会屋なんじゃないかとか危ないものがいっぱいあります。こうい
う連中はダメであります。

　また、敵対的買収は、最近、少し動向が変ってきたところもあり
ますけど、あれはやるかどうかの判断がいりますので、先輩と相談
すること。

　その下の矢印ですが、当事務所では反社関係者からの受任は御法
度にしてます。「してる」というのは、別に事務所会議で決めたわ
けじゃないけどね。何故かというと、本来弁護士というのは、犯罪
者の弁護人をするのも仕事で、犯罪者の大半はヤクザみたいな連中
ですから、ヤクザから事件を受けちゃいけないってのは、本当は弁
護士には妥当しないんですよ。妥当しないんだけども、うちはほと

んど企業法務、企業の依頼者しかやってなくて、企業から見るとね、あっち側、ヤクザ側の弁護士をやってる人っていうのは、怖くて絶対に依頼できないんですよ。何故かっていうと、自分たちの一番心配な困ってることを相談に行ってる弁護士さんが、もしチラッとヤクザにしゃべっちゃったらもうおしまいと思うでしょう。ですから会社法の世界では、あちら側に付く弁護士事務所と、こちら側だけの弁護士事務所ってハッキリ分かれてるんですよ。一度あっち側に行っちゃうと、もうこちら側からは仕事が来なくなるんですね。

　それからその下の●ですが、既存の事務所のお客さんはチェック・フリーです。あと、飛び込みでも普通の上場している会社の場合は大丈夫と、いうこともあります。一方で、個人の依頼者の場合は要注意というのがありまして、特に若い先生方には、個人からの依頼もあるんじゃないかと思います。これね、反社だから危ないという理由じゃなくて、個人の依頼者は、変わった人がたくさんいるんですね。既に頼んでる弁護士とケンカになってこっちに来るとかですね、トラブル起こしやすいんです。なので、ちょっと気を付けてくださいということです。

(2)　コンフリクトのチェック

　次に、コンフリクトのチェックということでして、そういうヤクザとかでなかったら、コンフリクトのチェックをするわけでして、弁護士法と弁護士職務基本規程で受任できないことがありますよと書いてあります。「そんな、僕が規程違反なんてするわけありません！」と、思うかもしれませんけど、企業法務の世界ではコンフリクトがあることがしばしばなので、重要な問題です。レジュメにも弁護士法25条とか、弁護士職務基本規程27条、28条とか、いろいろ書いてあります。細かく説明はしませんけども、それぞれの解

説書も含めて見といてほしいんですね。その下の●に頻繁にコンフリクトが発生するということが書いてあります。まず、事案①顧問先の取締役の人から「実は社長が横暴なので解任したいんですよ」って相談されたら、それは受任していいでしょうかとか。或いは、②顧問先の会社の監査役から相談されたらどうしようとかね。或いは、③顧問先の会社に「代表訴訟の提訴請求が来たんだけど、先生、どうしましょう」と言われたけどこれどうしましょうとか。僕は誰に付くの？　役員に付くの？　会社に付くの？　監査役に付くの？　とかね。或いは④。これはしばしばあるんですけど、経営権を争う事件をやっていたら、ディフェンス側で会社に付いていた弁護士が、会社を敵に乗っ取られちゃったってことがあるんですね。そうすると、「あれ？　いつの間にか自分は相手方の弁護士になってる」とかいうことがあります。そうしたらどうするんだろうと。或いは⑤顧問先を相手方とする訴訟の依頼が来たら？　ついこないだも来ました。A社相手に訴訟やってくれって頼まれて、それは無理だって断りました。或いは⑥番は、M&Aの入札案件で顧問先ではないお客さんがライバルにいるのだけれど、受けていいんだろうかとかね。さらには⑦顧問先の会社の子会社を相手方とする案件だったらどうしようと。⑧番なんて一番最悪なんですけどね、秘密裏に動いている案件ってたまにあるんですよ。コンフリクトもチェックに回せないような極秘案件というのだと、起こりかねない。⑨もなかなか悩ましい話で、子会社上場の問題が注目されているのはご存じのとおりです。で、子会社側の顧問として継続的に相談を受けていたのだけれど、ある日、その親会社から相談を依頼されたらどうしましょうということです。

　うちの事務所がどういう対応をしているかというと、その下の対応方法の@から@までにあるように、受任ができるよということも

あれば、受任できないよ、お断りしようね、ってこともあります。
ⓑを僕は今心配してるんだけども、受任をするけども、関係の弁護士とはウォール引こうということを時々うちの事務所でもやってるんですが、これ職務基本規程をちょっと見ていただくと、57条というのがあって、共同事務所の場合はこれはダメとあって、ただし書きで「職務の公正を保ち得る事由があるときは、この限りでない」というんですね。で、「職務の公正を保ち得る事由」っていうのは、情報隔壁、ウォールのことだと言われてるんだけども、これはしっかりやらないといけません。

　一番最後の矢印に書いてあるけども、対応方法は非常に難しいんですよ。うっかりします。マズいかもしれないという気付きのないままやってしまいそうな心配もあったりするので、ちょっと気を付けてくださいということです。これ、調べるといってもなかなか難しくて、弁護士倫理関係の文献は大してないんですね。役に立つのは5、6冊しかなくて、あとは懲戒処分事例集が出てますけど、これも、企業法務関係で参考になるようなのがほとんど出てなくて。判例もいくつかあるんだけど、これも参考になるのがあまりない。ここに書いてあるように、僕らが知りたいことは文献に書いてないことが大半でありまして、非常に困るんですね。

（i）　事案①：顧問先会社取締役からの社長解任の相談への対応

　僕が弁護士になって2年目か3年目かな。社長が横暴だから解任したいっていう相談をされたことがあって、じゃあクビにしましょうって方針になって、ふと考えたら、あれ、俺、会社の弁護士じゃないか！　と先輩の弁護士に相談して、「そんなん受けられないじゃん」という話になったことがあります。事案①の社長解任の相談というのはそういう話で、通常、受任できない。特に普段、社長ではなくて、担当の取締役からたくさん相談を受けてる中でそうい

う話が出たりすると、ついつい、いつもの流れで相談に乗ってしまいそうになるのだけど、要注意。

(ii) 事案②：顧問先会社監査役からの相談への対応

　顧問先の会社の監査役からの相談というのは、ケースバイケースです。会社の顧問弁護士というのは、執行側から依頼を受けている立場です。監査役のお仕事は取締役の職務執行の監査ですから、例えば、監査役が、取締役の不正の疑いがある行為を監査しようとするときに監査役から相談を受けると、利害関係が対立しかねません。ただ、実際上、そこまで先鋭化していない状況で、監査役がふと疑問に思ったことを弁護士に聞いてみたいというレベルで相談が来ることもあって、そういうのはご相談を受けてしまうこともあります。まずは話を聞いてみて、執行側と利害関係が対立しそうだったら、以後は差し控えるということかと。

(iii) 事案③：顧問先会社に対する株主代表訴訟の提訴請求への対応

　株主代表訴訟の提訴請求については、まず、会社の顧問弁護士は、被告取締役の代理人になることはできないというのが日弁連の公式見解になっています（日本弁護士連合会弁護士倫理委員会編著『解説「弁護士職務基本規程」〔第3版〕』（日本弁護士連合会、2017年）101～102頁）。なので、会社の顧問弁護士でありながら、取締役個人の代理人もやるというのはできません。提訴請求は、監査役設置会社であれば監査役宛にきて、まずは監査役の方で調査をして提訴するかどうかを判断しますよね。その、監査役の対応についてアドバイスできるかということですが、これもできません。先ほどの事案②でお話ししたとおりです。なので、代表訴訟の場合、会社の顧問弁護士をしていると、提訴請求に対する監査役の対応のアドバイスも、被告取締役の代理人も、いずれもできないということになりますので、それぞれ、別の弁護士が必要になるということです。

(ⅳ)　事案④：顧問先会社での経営権争いで相手方に経営権が移った場合への対応

　これは、あくまで会社との顧問契約関係なので、経営陣が丸々変わっても、放っておけば会社との契約関係はそのままということではありますよね。ただ、従前の敵が経営することになった会社の顧問を続けるのかという話です。

(ⅴ)　事案⑤：顧問先会社を相手方とする訴訟の提訴請求への対応

　その訴訟について顧問先から相談を受けていないという前提ですが、そうであっても、顧問先は職務基本規程 28 条 2 号の「継続的な法律事務の提供を約している者」に該当するからダメということですね（前掲書 87〜88 頁）。同規程 28 条柱書きただし書きの、双方の同意を得るという方法は、規程上は一応あり得ますが、訴訟となりますと、顧問先の同意を得るというのは難しい場合が多いと思いますし、そもそも同意を打診すること自体、信頼関係を壊すことになりかねないということもあります。

(ⅵ)　事案⑥：顧客を入札競合社とする M&A の依頼への対応

　当然、その M&A について、顧問先ではない既存顧客から相談は受けていないという前提ですが、そうであっても受けてよいか、また受けるかは、ケースバイケースです。職務基本規程 28 条の 2 号、3 号あたりの問題です。こちらも(ⅴ)と同じく同規程 28 条柱書きただし書きの、双方の同意を得るという方法は一応あり得ますが、まあ、こういう類型も、やり辛いことも少なからずあります。

(ⅶ)　事案⑦：顧問先会社の子会社を相手方とする契約書チェック依頼への対応

　子会社は、顧問先とは法人格が違いますから、職務基本規程上のコンフリクトには該当しないという整理は一応できるのだと思います。ただ、さほど大きな顧問先でない場合や、純粋持株会社の顧問

になっているような場合、グループ会社のご相談を事実上日常的に受けているということも珍しくないです。そういう場合にまで、フリーに受けてよいかという問題で、これもケースバイケースなのだろうと思います。

(viii) **事案⑧：秘密裏に相談を受けた案件の相手方に事務所の顧問先がいることが分かった場合への対応**

昔、コンフリクトも回せないような極秘事案を僕もやってたことがあってね。すごいバトルをやってて、ハッと気が付いたら、電話の連絡簿に敵の名前が書いてあって。「エッ」て思ったら、敵についてたのが同じ事務所の別の弁護士だったってことがありました。お互い降りたんですけどね。そういうことがあったりします。こういうことがないように、事務所の他の弁護士がどんな顧問先を持っているかは、普段から把握しておいた方がいいです。

(ix) **事案⑨：顧問先上場会社の親会社からの顧問契約の打診への対応**

一見、「親子なんだから別にいいんじゃない？」と思うところなんだけど、子会社側からすると、親会社との資本関係、取引関係とか、とりわけ親会社以外の少数株主がたくさんいる上場子会社では、そういう問題が常に起こり得るのですね。たとえ、現時点で顕在化していなくても、将来的にそういう問題が起こり得る土壌がある中で、はて、両方の顧問になりますか、という問題です。職務基本規程上は、上場子会社から、現時点で、親会社と利害が対立する相談を受けているといった特殊な事情がなければ、一応、双方の顧問になることは可能ということかと思います。ただ、潜在的に利害対立の可能性を有する状態にはなり、顕在化したときには、どちらからも相談を受けられないということになります。もし、双方の顧問になるのであれば、双方にそのことを十分ご理解いただいた上で、というのがよいと思います。

3 弁護士法・職務基本規程でしなければならないこと／してはならないこと
──法律上、規程上のルールがたくさんある！

●RESUME・Ⅱ-3

(1) 弁護士法
- 23条 守秘義務
- 26条 汚職の禁止
- 27条 非弁護士との提携禁止
- 28条 係争権利の譲受禁止
- 29条 依頼不承諾の通知義務
- 56条 懲戒事由
  「弁護士及び弁護士法人は、この法律又は所属弁護士会若しくは日本弁護士連合会の会則に違反し、所属弁護士会の秩序又は信用を害し、その他職務の内外を問わずその品位を失うべき非行があつたときは、懲戒を受ける。」
- ちなみに禁固以上の刑を受けると欠格事由 7条1号

(2) 弁護士職務基本規程
- 13条 依頼者紹介の対価の支払い禁止
- 18条 事件記録の保管、情報漏洩防止義務
- 22条 依頼者の意思の尊重義務
- 23条 秘密保持義務
- 25条 依頼者との金銭貸借禁止
- 29条 受任時説明義務、請合い禁止、勝訴見込み仮装禁止
- 30条 委任契約書作成義務（顧問先除く）

- 32条　利害相反の説明義務
- 34条　受任の諾否通知義務
- 36条　報告協議義務
- 37条　預り金分別保管義務
- 44条　終了時説明義務

　3番目が、コンフリクト以外にも弁護士法・職務基本規程でしな
きゃいけないこと／してはいけないことがありますよ、ということ
です。言うまでもないって思うかもしれないけど、ここで引っかか
る人、躓く人も結構いるんですね。弁護士法の中では、23条に守
秘義務っていうのがあるとか、29条の「依頼の不承諾の通知義務」
があるとか。29条の方、これみなさん、あんまり気が付いてない
でしょう。弁護士法にも書いてあるし、職務基本規程（34条）にも
書いてあるんです。これは、相談に来て、受けないときは「受けな
い」ってちゃんと言ってあげなさいっていうことなんです。これ、
危ないんです。僕らの事務所はほとんどが顧問先なので、依頼が
あったときに受けるか受けないかなんてすぐ分かるわけで、コンフ
リクトだからダメよとか、或いは受ける時の契約書を作るとかで対
応するのでね、あんまり問題ないことが多いんだけども、1件限り
のスポットで来る人もいるでしょう。ある著名な弁護士に、1回相
談に来た人がいて、弁護士本人は受ける気がなかったらしいんだけ
ども、特にこの「不承諾の通知」ってしないでいたんですよ。そう
したら相談に来た人が「あの先生に頼んだのに何もやってくんな
かった」といって、弁護過誤だと裁判起こして懲戒の申立てをして、
弁護士側がほぼ負け、とんでもない損害賠償を払わされたっていう
事件もありました。弁護士の方は「これ受けるなんて言ってない
じゃん」とか言いたくなるんだけど、(2)に職務基本規程も書いてあ

りますけど、こういう受任の諾否の通知とか、委任契約書をちゃん
と作ろうとか、結構躓くところでありますので、お気をつけくださ
いということです。著名な弁護士って、こういうふうにみんなどこ
かで蹴躓いてスキャンダル起こしたりして、だいたい８割方コケて
んじゃないかと思いますね。

　弁護士登録をするとすぐに、日弁連の『解説「弁護士職務基本規
程」』（前掲書）は配られますよね。あれは、新人の時間があるうち
に、ざっとでも目を通しておいた方がいいです。

4　チーム編成

●RESUME・Ⅱ-4

(1)　チーム編成の仕方
● 　どうやってチームを決めているか？
　基本は３人以下。大訴訟事件でも、全体を見渡せるのは３人
程度まで。パーツだけ見ていても、戦略の立案の経験にはなら
ない。勉強のため。M&Aとか第三者委員会は別。３人は、年
寄り、中堅、若手の組み合わせ。若手同士では組まないこと。
分かっていない者同士が組むと、確信をもって間違うだけだか
ら。
(2)　若手が主任
● 　若手が主任になる。最初のドラフトは若手が起案。何故か？
● 　若手が最初の起案を出さないと、出番がなくなる。自分で書
いてみて、先輩に直してもらって初めて勉強になる。最初から
先輩が書いたものを見たら、「まあ、こんな感じか」とできた気
になる。

- 若手が依頼者との連絡窓口になることで、しっかりやれば依頼者から信頼されて仕事が来るチャンスになる。
- 自分で調査の主体になったり、相手方や裁判所その他の連絡を取り合う経験をすることで、一人前になる。

(3) 大部屋方式の理由
- 新人は電話のかけ方1つ分からない。近所の先輩がやっていることを見聞きできることで、仕事を覚えていく。先輩が、若手のしぶりを見て、注意ができる。
- ちなみにもう1つの理由は、他の弁護士がどんな感じで仕事をしているか見えることが、事務所円満の秘訣だから。

(1) チーム編成の仕方

　4番目「チーム編成」ということで、さあ仕事が来ましたよ、受けられます、じゃあやりましょうという時に、チームの編成はどうするかということです。うちの場合はチーム編成の仕方、どうやってチームを決めてるかというと、基本3人以下でやってます。大訴訟事件でも、全体を見渡せるのは3人くらいまでと思ってるので、だいたいそれでやってます。何故かというと、これが5人、10人になるとね、仕事の分担を始めるんですよ。じゃあこの論点はあんた調べてね、こっちの論点はあんたね、ここはあんた調べてって分担するでしょう。で、気の毒なんだけど分担すると、分担したところしか調べないから、事件の全体像が分からない。事件の全体像が分からないと、知恵も出ないし戦略もわかないし、ただの使いっパシリになっちゃう。それじゃ勉強にならないので、うちでは3人くらい以下のチームにしようねって言ってます。ただ大規模なM&Aとか第三者委員会とか、ああいうふうに人手が要るやつもあるので、そういう時はしょうがないということでございます。

それでその3人は普通、年寄りと中堅と若手みたいに、或いは中堅と若手みたいに組むのが普通でありまして、若手同士では組まないというのがあります。これまた僕の経験なんですけど、弁護士になって1年目のとき、同期の弁護士とつまんない事件を一緒にやろうってなって、1年坊主が2人で端っこの方で合議してたんですね。そしたらそれを見たK先生が怒鳴って、「馬鹿野郎！　馬鹿と馬鹿が合議をするな！」って。言われてみると、確かにそうだと。馬鹿と馬鹿が合議すると馬鹿な答えしか出てこないんだよね。お互いに、こうかな、ああかな、こうかもしんない、ああかもしんない、ま、これでいいか、そうだねってですね、結局馬鹿にしかなんない。しかも馬鹿な答えなのに、なんか安心しちゃうという。若手同士で組んだら絶対ダメです。意味がないですからね。必ず5年、10年くらい上の先輩と組んで、ああ、これはこうなんだぜ、みたいに教えてもらえるような関係でないとダメです。

⑵　若手が主任

　その次の2つ目「若手が主任」というのがありまして、うちの場合必ず最若手の方が主任になる。例えば最初のドラフトは若手、主任の方が書く。何故かっていうと、若手が最初の起案をしないと、出番がなくなるんです。先輩が先に書いちゃうと「ああ、そうなんだ」で終わっちゃって、出番がなくなる。すると勉強する機会がない。特に自分で書いてみたらこういう作品ができたと。それを先輩に直されてこうなったという経験があると「ああ、こういうふうに直すんだ。俺の最初の発想はこうだったけど、こうしなきゃいけないんだ」っていうのが分かる。でも、自分で書かないで最初から先輩が書いて「こうだよ」って渡されると、「ふーん、このくらいならなんか俺にもできそうだな」って思っちゃうんですね。自分で

やってみたらできなかったとか、こんな風に考えちゃったとか、こんな文章書いちゃったとかですね、そういうことがあって初めて勉強になるんです。だからね、時間の無駄でも一番最初に「書いてみろ」という話でございます。

それ以外にもいくつか書いてあります。主任になると依頼者との連絡窓口になります。これは結構重要です。うちの事務所はむやみやたらに若手を連れて会議に出ない。例えば僕のところにお客さんが来ると僕が1人で出ちゃうことが多くて、実は若手の時代は会議に出たりしてお客さんとやり取りするチャンスがあまりない。大きな事件で主任になった機会に、仕事も日常連絡も丁寧に続けて「あ、あの先生若いけど、なんかしっかりやってくれてるな」となると、その後こっそり相談に来るとかね、法律相談が来るようになりまして。これが実は依頼者から信頼を勝ち取って、そのお客さんを先輩からぶん取るきっかけになるんです。大企業のお客さんは弁護士を見る目に長けているので、若手でもしっかり対応してくれる弁護士とそうでない弁護士は必ず見抜かれます。なので、大事件で主任になってそのお客さんをしっかり掴むといいわけですね。

(3) 大部屋方式の理由

それから3つ目に「大部屋方式」と書いてありますね。大部屋方式というと、みなさん個室の方がカッコいいんじゃないかと思うんだけども、うちは個室にはしてないです。何故かっていうと、新人って電話のかけ方1つ分かんないし、近所の先輩がやっていることを見聞きして仕事を覚えていくってのもありますし、先輩が、若手のしぶりを見て、注意ができるっていうこともあってね。これも僕の経験なんだけども、昔、やっぱり1年目かな。ある若い弁護士がお客さんと電話して、ああです、こうです、ってアドバイスして

んだけど、それを聞いていたQ先生がですね、突然パッとその電話取り上げて、「今の違いますから。こうですから」って言い直したんですね。こうやってちゃんと先輩が見てるっていうのが重要なんですね。

　あとは最後の●で「ちなみにもう１つの理由は」って書いてあります。他の弁護士がどんな感じでどんな仕事をやってるんだとかね、あ、あんな面白そうな事件やってるとか、あんな大事件やってるなとかね、そういうのが見えてるのってとても大事なんです。ある程度大きな事務所になるとみんな分裂しちゃうっていうのがあって、何故かっていうと、他の人が何やってるか分かんなくなると、どんどんどんどん疑心暗鬼になってきて、何となく「あれおかしくないか」とか言い出すんだよね。だからみんなの顔が見えてるのが一番の事務所円満の秘訣だということでございます。

5　事件記録／法律相談のファイリングの仕方

●RESUME・Ⅱ-5

(1)　法律相談のファイリングの仕方
● 各自の自由でいい。
(2)　訴訟事件のファイリングの仕方
● 通常はマスターファイルを１つ作成し、各弁護士は自分の必要なものだけ別途ファイルする。
(3)　大規模事件・大量の記録のある事件のファイリングの仕方
● 弁護士が自分で見ながら分類、ファイルするのが一番いい。中身を覚える。
● 大規模事件の場合、きちんと資料を分類して、いつでも検索

できるように頭に入れることが重要。

● 大量の記録の場合、何度も全体を見返すことができないから、最初に見て、重要であるもの、証拠として使いそうなもの、気になるものなど、区分して付箋を貼りながら（マーカを引きながら、注意した理由を書き添えながら）、ファイルしていくのが効率的。肝になる証拠はそう多くはないので、大量の資料でも、迅速に要領を掴むことが重要。また時系列の整理は必須であることが多い。

● 大量の資料を短時間で見るコツ。何が重要な書類であるか、予想を付ける。写真型で書類を見る。違和感の有無を感じる。ストーリーを想定する。

5番目が「事件記録／法律相談のファイリングの仕方」というのでございますね。これも実はね、うちの事務所ってもともとあちこちの事務所にいた人が集まってきたもんだから、みんなファイルの仕方が違うんです。でも統一する気は全くないので、好きにやってちょうだいってことです。訴訟事件の方も、マスターファイル1コ作ればよくて、あとは自分の分だけ好きにやってちょうだいと。紙で作りたい人もいれば、サーバーのファイルに入ってりゃいいよという人もいますので、好きにやってちょうだいということです。

ただ(3)に「大規模事件・大量の記録のある事件のファイリングの仕方」って書いてありますが、大規模な事件とか膨大な資料がある事件というのは、自分で資料をちゃんと見て、それを分類して、自分でファイルするというその作業をした方がいいと思ってます。これは弁護士によって、とりあえず全部めんどくさいから順番にファイルしてって秘書にお願いする人もいるし、いろんな人がいるんです。みんな我流だからしょうがないんですけども。ただ、最初来た

時にザーッて見て分類して、パーってその分類ごとにファイルするって作業をやると、全体像が頭に入るんですね。それがそのまま頭ん中になる。さらに大量の資料の中で、重要な資料はどれかということも目星を付けておける。例えば第三者委員会の調査なんて、膨大な資料が来るんだけども、ザーっと見て「これが大事」ってマーカーを付けてって、「重要な資料はこういう資料がある」って認識できて、1回頭に入っちゃえば大丈夫ですね。そういうようなことでファイリングの仕方は重要。うっかりすると大事件で「何があったっけ」とか「あれはどこに行ったっけ」って分かんなくなると、全部もう1回見返すなんてことになりかねない。時間をセーブするために、早い仕事をするために、とても重要なので頑張ってね、ってことです。

その下に●で「大量の資料を短時間で見るコツ」というのがあります。膨大な資料が来て、1枚1枚全部見てたらいつになるか分からないということがある。ただ前から順に見ていっても時間だけがかかっちゃう。事件によって、こういう書類があるはずだとか、ここが一番大事なはずだとかね、これはチェックしなきゃとか、目星をつけなくちゃいけない。事件のストーリーの中でこれは一番キーになる証拠とかね、この議事録があるはずとか、このメモがあるはずとかね。こういう契約があるはずとかそういうものを、アテを付けて、そこでストーリーを考えて、で、必要なものを探していくんです。実は大事件の場合には、大半の資料はほぼ関係ない、補助資料なんですよ。例えば特捜がガサに入って段ボール箱100箱押収しましたっていっても、あの中で必要な書類なんてファイル1コ分ぐらいしかないですよ。要らない書類を見極めるのが早いから特捜の検事ってできるんです。どういうものがキーになるかっていうと、例えば一番大事なのは組織図だったりするんですね。組織図、人員

配置図。まずね、会社の中の構造が頭に入らないと、物の読み方が分からない。だから組織図が一番大事。或いは、刑事関係とかだと、手帳とかスケジュール帳、運転日報とか。そういう動かぬ日付の特定の資料とかが必ずあって、それをまず骨組みにして中身を読んでいくということですね。そういう「何が大事か」っていうのと、あと「違和感の有無を感じる」っていうのが RESUME にあるんだけども、この時期にこんな資料があるはずないぞとか、何でこれがあるんだろうとか、或いは何でこれがないんだろうというね、違和感を感じるっていう、これが重要でありまして。違和感を感じるとね、事件の筋が見えてくるんです。このへんは On the job で身につけていってくださいということでありますね。

6 個々の仕事のスケジュール

●RESUME・Ⅱ-6

(1) 訴訟で次回期日に準備書面を提出することになったらどうするか？
● 1か月後に準備書面を出すことになったら、主任弁護士はいつ第1案を出すか？
1か月後に提出するなら、基本的にはその1週間前くらいには一応完成しているべきである。顧客での検討に1週間かかるなら、期限の2週間前に顧客に出すべきことになる。だとするとその1週間前には先輩の弁護士に案を出す必要がある。すると主任弁護士は、3週間前、つまり今から1週間以内に起案すべきだ、ということになる。
● 先輩はいちいちいつまでに起案せよ、などとは指示しないこ

とが多い。それは仕事のスケジュールの感覚は、当然各自が分かっているはずだからである。そのような意識がないと、ある日突然先輩から「あの件、起案はどうなった？」と催促されることになる（突然の弁済期）。スケジュールは自分で考える。最初のうちは、もし分からなければ、先輩に期限を確認してよい。

(2) 法律相談の回答はいつ出すべきか？

● 今日来た法律相談（質問）に対する回答は、原則として今日か明日には返すべきだ。1週間で返信する弁護士が普通で、2週間かかるとのろまで、4日で返すと早い、というときに、一両日で回答すると、顧客は「すごい！」と驚く。4日ではダメなのだ。記憶に残らない。その体験が、顧客社内での評価につながり、会社の法務担当者の同業者たちの会合での口コミとなり、評価が形成されていく。

● 会社の法務は、営業部門など原因部署から、早く回答するよう催促されている。対応が遅いと「役に立たない法務」などと言われて尊敬を失う。だから迅速に処理したいのだ。

● 最初は無理せずとも、5年程度でそうなればいい。何故なら、自信がないとできないことだから。

(1) 訴訟で次回期日に準備書面を提出することになったらどうするか？

それから6番目「個々の仕事のスケジュール」ということでもうちょっと微細な話になっていきます。例えば訴訟で次回期日に準備書面を出して下さいと裁判所に言われました。さあどうしようか。僕が主任弁護士だとして、1か月後に準備書面を出す、じゃあ1か月後だからその数日前に出せばいいかな、と言ったらそうじゃない。主任弁護士はいつ第1案を出すか？　「1か月後に出すのならば、

その１週間前くらいには一応完成しているべきである」。まずここで１か月後にちょうどピッタリ完成すればいいと思っちゃいけません。１か月後に出すんならその１週間前には一応、ほぼそのまま提出できるというレベルまで一旦完成している状況であるべきです。一旦その仕事から離れてもう１回見直す時間がいるはずなんですよ。だからいい仕事をしようと思ったら、１週間くらい前には一応完成しているべきだということになる。そうするとお客さんに渡して検討してもらうのに１週間かかるだろうなと予想して、そのさらに１週間前、期限から２週間前には顧客に案を出してあげなきゃいけないということになる。そうすると、僕が先輩の弁護士に出すのは、さらにその１週間前には出してあげなきゃいけない。そうすると期限の３週間前です。そうすると今が期限の４週間前だから、僕は今から１週間以内に書かなきゃいけないから、すぐ起案しようということになる。簡単なことですけどね、今日発生した仕事は、今日、今すぐやるんです。１週間以内に準備書面を書く、これが一番いいんです。今はタイムスケジュールの面で言ったんだけども、内容面でもこれが一番いいんです。裁判所から「次回この点について特に反論してくださいね」とか言われますよね。それからしばらく放っといて、２週間ぐらい経ってからだと、「あ、あの準備書面書かなきゃ。あれ、次回って何を反論するんだっけ？」という感じになって、「こんなもんだったかな」って起案してみると、だいたいピンボケの準備書面書いちゃうんですよ。でもね、期日があって、裁判所から「この点とこの点とこの点が分かんないから、そこんとこ反論してね」と言われたら、そのまま当日すぐ、そこについて準備書面を書き始めるとね、ピッタリ合った、生きた準備書面が書けるんですね。仕事が発生した瞬間が一番頭が熟成しているので、その瞬間に書くのが一番いい仕事ができる。短い時間でいい仕事ができる

んです。もう1回記録を読み返さなくて済みますし。そういうことなので、仕事は発生時にやる。おしまいの期限にやるんじゃなくて、発生時にやっていただけると、いい仕事ができます。

　2つ目の●にあるとおり「いちいちいつまでに起案せよ」とは僕ら先輩弁護士はみんな指示はしません。何故かっていうと、「仕事のスケジュールの感覚は、みんな各自で分かっているはずだ」と、新人弁護士もみんなプロだからとそう思っています。でもね、最初は分からないんですよね。例えばお客さんから意見書を書いてと言われたけれど、何故か中村先輩は「いつまでに書きます」なんて期限をお客さんと約束してない。新人の僕は「一体いつ書くんだろうな」と思いながら1週間過ぎました。そうしたらある日突然中村先輩から「あれどうなった？」と聞かれて、ハッ！　となる。ここに「突然の弁済期」とありますけども、実はこれは、いつごろその仕事はやるべきだっていう相場観がズレてると、ある日突然先輩から「あれどうなったの？」って、弁済期の請求が来ることになるわけですね。これはちゃんとその仕事をいつやるべきかという感覚を持っていて、例えばこれはお客さんのところに1週間後に出さなきゃいけないから、ここ2、3日で書いて先輩に出さなきゃだめだなとか、そういうことがちゃんと共通で認識できてると、このギャップは生じないのです。最初は分からないと思いますが、分からなかったら先輩に「これいつまでにやったらいいですか」って聞いていいです。最初の1年2年は聞いていると「あ、こういうスケジュール感で先輩は仕事してるんだな」っていうのが分かるので、聞いて、期限を確認してやってください。そうしないと、突然弁済期が来てパニックになって「ああ！　どうしよう、今夜徹夜しなきゃ」ということになったりして、不幸になりますのでね。

(2)　法律相談の回答はいつ出すべきか？

　メールでいっぱい来ますよね、質問が。で、「今日来た法律相談
（質問）に対する回答は、原則として今日か明日には返すべきだ」
と僕はいつも言ってきました。まあ、うちの事務所はそういう人が
多いんじゃないかと思うんだけども、これが重要なんです。何故
かっていうと、1週間で返信するのが普通の弁護士だとすると、2
週間かかるとのろまな弁護士ってお客さんに言われるんですね。1
週間のところを4日で返すと「あ、ちょっと早いね」ぐらいの感想
で、まだまだ印象には残らない。でも、今日明日で回答すると、お
客さんはびっくりするわけね。これ、うちみたいな事務所でないと
なかなかできない。今大手事務所は新人に作業をさせると、必ず先
輩が何重にもチェックする仕組みがあるみたいで、回答まで何日も
かかったりするらしいんですよね。こんなふうに即答するなんてい
うのは、うちみたいなプロばっかり揃ってる事務所でないとできな
い話なので、お客さんの評価が高くなって、「中村先生に頼むと、
『いつまでにやってね』って期限をいちいち言わなくても、すぐ返
してくれる」とか、そういう評価ができてくる。(1)の例のお客さん
と仕事の期限を握らないっていうのも、お互いもう分かっているか
らなんですね。あの先生はすぐ出してくれるから期限を切る必要が
ないと、そういうことになるわけです。

　これは、その次の●にも関係するんですが、会社の法務の人たち
の会社内での立場も考えてあげないといけないんです。何故かって
いうと、法務の人たちって、自分たちで法律事件を作ったわけでな
くて、営業部門とか製造部門とか財務部門とかいろんな部署から質
問されたり相談されたりして、分かんなくなると弁護士のところに
来るんだけども、相談元の部署から「お前早く回答しろよな」と
かって言われるんですね。ここで、早く回答してあげないと、「お

前ら能無しだ」とか、「役に立たない」とか、「何でもかんでもダメ
だって言いやがって」みたいに他部署から評価されてしまって、法
務部が会社の中での信頼を失うんですよ。そうすると彼らは動きづ
らくなって、その会社の中での法務の地位がどんどん低くなる。で
も逆に即座に回答を返すことができると、法務ってすごく尊敬され
て、他部署も何でもかんでも法務に相談しようって言ってくれるよ
うになって、法務の地位が非常に上がるのね。だからそういう法務
の立場を考えてあげると、迅速に処理してあげなきゃいけないとい
うことでございまして、まあ、これができるといいな、ということ
です。ただ、新人のみなさんのために申し上げますが、こういうの
ができるのは、やっぱり5年ぐらいかかると思いますので、別に今
日明日それをやれっていうわけじゃありませんのでね。自信がない
時は即答しないでもちろん結構です。

7 調査の仕方

●RESUME・Ⅱ-7

(1) 法律相談の場合
(i) 条文の確認
(ii) コンメンタール、主要基本書、改正法などの場合は法務省の
解説書、パブコメ結果と意見、監督官庁の「Q&A」、ノーアク
ションレター
(iii) 判例の調査（判例データベース各種で条文検索、キーワード
検索。直近のものは金融・商事判例、判例時報、判例タイムズ
などの雑誌、各年度の重要判例解説、私法判例リマークス、判
例時報の目次・判例評論、民事判例索引集、裁判所のホーム

ページに最新の重要判例が掲載されている。）

(iv) 実務書（各種「実務相談」本、マニュアル本、資料版商事法務、別冊商事法務）

(v) 重要な論点の徹底調査（各種論文集、各大学紀要、法律時報の目次・学界回顧・判例回顧と展望など）

(vi) 訴訟関連であれば裁判所の著作

(vii) 用語の意味については『法令用語辞典』

(viii) 司法研修所・法曹会関係文献

(ix) 立法時資料（国会議事録、法制審議事録など）

(x) 最初に見つけた文献から、順次芋づる式に追っていく。但し、それは過去に遡ることになるから、それ以降の最新の情報、判決は出てこない。判例データベースもタイムラグがある。したがって、日頃から法律雑誌の目次はチェックして頭に入れておく。

　→一番新しい文献・論文を見つけることが早道！

(xi) 新しい論文集が出たら、必ず目次はチェックする。どういうテーマについて論文が書かれているか頭に入れておくといい。

(xii) 論文集を探すときは、新しいものから順に、闇雲に、目次を見て探す。関連テーマの文献を 10 年分くらい探せばだいたい発見できる。

(xiii) 「法律時報」の「文献月報」は網羅性がある。

(xiv) 「実務相談」系の本は、一度通読しておかないと、どういう論点について書かれているか分からない。ヒマなときに眺めておく。

(xv) 法務省、金融庁、関東財務局、公正取引委員会、その他に電話などで問い合わせることもいいが、弁護士なのだから自分できちんと考える。メールボーイではない。

(xvi) 以上を調べても参考資料が見あたらないときは、条文や立法

趣旨などから自分で考える。その上で、先輩に相談する。

　　＊　「合議はタダ」という方針で、きちんと調べても分からない場合には、先輩に聞いていい、合議もしてもらっていい。

　(xⅶ)　何を調べたか、媒体を一緒に報告すれば、先輩の弁護士が「○○は見たか？」と見ていないものを教えてくれるはず。

(2)　**訴訟の場合**

　(ⅰ)　事実調査と法律調査がある。

　　①　まず事実調査。企業の紛争には、必ず経緯がある。ストーリーがある。企業行動の基準は、基本的には営利であるから、その時点でその担当者が持っている情報を下に、一番有利な方策をとる、という理屈で、ストーリーは展開していくはず。紛争系の場合、どうしてこちらの担当者はこうしたのか、相手方はこうしたのか、ということがきちんと繋がると、事案を理解できる。縁由と結果の連鎖。

　　　　まずそのストーリーを探り、さらに「あるはずの証拠」「ないはずの証拠」などを考えて事実調査をする。

　　②　法律論点は、その事実関係の調査の後に考える。先に理屈を考えてそれに事実を合わせてはいけない。それでは説得力のない机上の空論になる。企業法務弁護士はしばしばそれをやってしまう。頭がいい人の弱点。

　(ⅱ)　依頼者からのヒアリングがちゃんとできるかどうかは、一人前かどうかの分かれ目。

　　①　各担当者の立場を考える。社内で責任の押し付け合いをしているかもしれないし、紛争が起きて責任を問われそうな人もいるかもしれない。弁護士は責任追及者になってはいけない。うまく行く方策を一緒に考える救世主になるべし。

　　②　真実はきちんと聞き出す。言いたくないことや社内でも隠していたことなどがあるかもしれないが、知らない事実が訴

訟になってから出てくると、敗訴するかもしれない。「どこが一番まずいと思います？」「どうしてこの時こうしたの？」「こういうことはなかった？」などと質問し、「もし訴訟になってから出てきたら、負けちゃいます。今教えておいてくれたら、そこを考慮して戦略を考えますから心配しないで」などと言う。

③　質問するときに、質問する理由を説明してから事実関係を聞く方法と、理由を言わずに聞く方法がある。法律上の論点で、「こういう事実があれば勝てる」とか、逆に「こういうことだったら負けだ」ということがある。先に理由を言うと、担当者を誘導してしまうことになる。一方、何でこういう質問をしているか分からないと、有利な証拠を持っているのに言わずに終わってしまうかもしれない。そのバランス。臨機応変。

④　「なんでもっと早く相談に来なかったんだ」、「こういうことをしちゃったからダメなんだ」は禁句。まず依頼者間のせいにした上で、自分の保身を図るような弁護士は、ヘタな医者と同じ。

(iii)　ⓐ事実のストーリーを見つけること、ⓑそれを要件事実ベースに落とすこと、ⓒ勝てる証拠を見つけること、ⓓ難しい事件でもなんらかの知恵を出すこと、が仕事。

(3)　M&A や契約書などの作成の場合

● ケースによるのでOJTで学ぶ。

(4)　参考までに――世の中の公表情報・オンラインサービス

● EDINET（有価証券報告書、訂正報告書、定款、株主総会招集通知一式、大量保有報告書、公開買付届出書、その他）、東証開示情報（適時開示、CG報告書、株主総会招集通知、独立役員届出書など）、登記関係（法人登記、不動産登記、申請書など

を閲覧する手続）

　→新人の時代に、こういうデータベースなどをいじって、どう
　　いう情報が入手できるか、どういう加工をできるか、遊んで
　　覚えておく。
● 裁判所の訴訟記録（閲覧と謄写）
● 各社ホームページ、インターネット上の情報、マスコミ関係
● 文献／データベース
● 各種図書館（国会図書館、弁護士会図書館、最高裁判所図書
　　館など。最高裁は図書目録も出している）、大学・図書館などの
　　データベース

[例]

EDINET		https://disclosure.edinet-fsa.go.jp/
東証	①上場会社情報の検索	https://www2.tse.or.jp/tseHpFront/JJK010010Action.do?Show=Show
	②適時開示	https://www.release.tdnet.info/inbs/I_main_00.html
	③上場規則類	https://www.jpx.co.jp/rules-participants/rules/index.html
日経テレコン21		http://t21.nikkei.co.jp/
TDnetデータベースサービス		https://www.tmi.tse.or.jp
登記情報提供サービス		http://www1.touki.or.jp/
eolデータベース		http://eoldb.jp/EolDb/
旬刊商事法務データベース		https://database.shojihomu.or.jp/jksh/app/signon/display

	https://elaws.e-gov.go.jp/search/
法令検索	elawsSearch/elaws_search/lsg01
	00/
日本法令外国語訳	http://www.japaneselawtranslation.
データベースシステム	go.jp/?re＝01
特許情報プラット	
フォーム	https://www.j-platpat.inpit.go.jp/
裁判所裁判例情報	https://www.courts.go.jp/app/han
	rei_jp/search1
官報情報検索サービ	
ス	https://search.npb.go.jp/
NII 論文情報	https://ci.nii.ac.jp/
第一法規 D1-Law	https://www.d1-law.com/
	https://www.hanreihisho.net/index
判例秘書	jp.html
Westlaw	http://www.westlawjapan.com/
TKC ローライブラ	https://www.lawlibrary.jp/Law/Log
リー	inForm.aspx
商事法務ポータル	https://www.shojihomu-portal.jp/
	member_page
資料版商事法務デー	
タベース	https://database.shojihomu.co.jp/
NBL データベース	https://database.shojihomu.co.jp/
	nbl/

(5) その他の調査方法
- 弁護士会の照会手続
- 裁判では調査嘱託申立て、文書送付嘱託申立て、検証申立て、証拠保全申立てなど
- 行政文書の開示手続

(1) 法律相談の場合

　7番目が「調査の仕方」というのでありまして、どんな調査をしてるんだということであります。まず(1)「法律相談の場合」ということで、条文の確認からまず入ると。どんな条文があったかなということから始めます。昨日A社さんから質問がきたんだけども、それが、「取締役の任期の短縮の規程って定款にあるじゃないですか。あれは相対的記載事項ですか、任意的記載事項ですか」って質問が来て、「え、この人は何を聞いてんだろう」と思ったので、改めて会社法をめくってみると、会社法28条と29条に、相対的記載事項と任意的記載事項の条文ができてる。昔はただの講学上の概念だったんだけど、改正されていたという。要するに頭の中だけで始めてしまわずに、(ⅰ)「条文から見る」という発想をしましょうということね。

　他に見なきゃいけないものとしては、(ⅱ)に、コンメンタールとか主要基本書とか法務省の解説書とかいろいろ書いてあります。監督官庁のQ&Aとか判例の調査、そういうのも見ましょう。

　会社法でいえば、『会社法コンメンタール』（商事法務）、『逐条解説会社法』（中央経済社）、『論点体系会社法』（第一法規）と、主要な学者の先生方の教科書、改正のたびに出る『一問一答』シリーズ（商事法務）や、『論点解説新・会社法』（商事法務）。それから、京大の前田雅弘先生と北村雅史先生が書かれた『会社法実務問答集』（商事法務）も、他の本にはあまり出ていない実務的な論点に考察が及んでいます。あと、旧商法下のものでも『新版注釈会社法』（有斐閣）、『実務相談株式会社法』（商事法務研究会）あたりは、今でもまだ使います。監督官庁のQ&Aは、例えば、金商法関係で金融庁から複数出ていて、ウェブサイトに掲載されているものを参照します。(ⅲ)の判例調査は、RESUMEの「(4)参考までに——世の中

の公表情報・オンラインサービス」のところにいくつか例示してありますが、過去のものを広く調査するときはインターネットの検索サービスを使います。直近のものは、そこに書いてあるように、判例時報、判例タイムズ、金融・商事判例などの判例誌を見る。

　ご相談の依頼が来てアポが入ったら、最初の打合せまでの間に、ご相談と関係しそうな分野のこのあたりまでの情報は収集しておきます。最初の打合せでは、とりあえずクライアントの話だけ聞いて、基本的に全部持ち帰って回答は後日という人もいるけれど、それではダメ。答えられるものは、なるべく最初の打合せで答えてしまうと、「この先生の所に相談に行くと、すぐに答えをくれていいね」となります。

　(iv)以降は、実務の知恵とか、論点についての細かな学説の状況を仔細に調べる必要がある場合です。実務書、マニュアルというのは、加除式になっているようなものです。資料版商事法務には、株主総会関係に始まって、最近ではCG報告書とか、有価証券報告書とか、いろいろな実例や分析記事がたくさん掲載されています。会社関係で、他の判例誌に掲載されていない裁判例が掲載されていることもあります。資料版商事法務は、最新のものを除いて、オンラインの検索サービスで利用することもできますね。

　(v)重要な論点の徹底調査というのは書いてあるとおりで、論点について学説の状況を深く調査する必要がある場合は、論文集とか大学の紀要まで当たっていきます。

　(vi)訴訟関係であれば、『類型別会社訴訟』（判例タイムズ社）とか、『新・類型別会社非訟』（判例タイムズ社）や、『会社訴訟・非訟の実務』（新日本法規）、『裁判実務大系』（青林書院）、『新・裁判実務体系』（青林書院）の会社訴訟関係のものなども手掛かりになります。

　ちなみに(vii)に「用語の意味については『法令用語辞典』」ってあ

ります。これは仁科秀隆弁護士に教えてもらったんだけど、法令用語の辞典というのがあって、あれで定義があるやつは法律の条文の中では定義を設けないのが原則らしくて、法律の中に定義がなかったら、『法令用語辞典』の方を見てもらうと、その定義に依っていることが多いらしい。こういうのを知っとくといい。あと司法研修所とか法曹会関係の文献って、(viii)に書いてあるけども、これもいい文献があったりします。

　あとは、立法趣旨や経過にまで遡りたいときは、(ix)国会議事録や法制審の議事録、資料を辿ります。

　その下(x)です。僕らの法律の調査ってどうやってるかっていうとね、「最初に見つけた文献から、順次芋づる式に追っていく」じゃないですか。その文献で引用している判決、その文献で引用してる学説、そういうものを追っていくんですよ。何故かっていうと、法律の世界の研究っていうのは、過去の判例とか過去の学説を基に、新しい研究を上乗せして書くっていう方式で、積み重ねる方式で研究論文ができている。だから、今ある論文を見て、その引用している判例とか学説を全部網羅すると、その時点までの必要な情報はだいたい出てきます。研究者がそれを漏らすことはまずない。でもこの方法っていうのは、その論文が書かれた時点までの情報しか載ってない。僕らの場合には、現時点までの網羅性が必要なんですね。この「現時点までの網羅性の確保」っていうのが僕らの最大の課題なんですよ。それはどうするか。

　いろいろあるんですけども、判例のデータベースとかそういうので調べるんだけど、もちろん載ってないのもあるし、タイムラグもあるということもあります。ここには「日頃から法律雑誌の目次はチェック」しようぜって書いてあるんだけど、うちの事務所は、執務室に入ったところの机の上に判例時報、判例タイムズから始

まっていろんな雑誌の最新号を並べてあります。あれを全部読めっ
てのは大変なんだけども、目次だけ読んどくんですよ。或いは、判
例だったらサマリーだけ書いてありますよね、ああいうものだけ読
んでおく。そうすると「あ、最近こんな判例が出たんだ」となる。
例えば株主総会で提案権をもらって取締役の解任議案を出すときに
は、その取締役は特別利害関係人になるなんて判決が出ました。あ
んなのは別にその時そういう事件をやってなくても、「あ、こんな
判例が出た」と、そういうのを頭に残しておくと、なんかの時に
「あ、あれ出たよね」ってすぐ思い出せるでしょう。ですからまず、
法律雑誌とかそういうものは、目次はチェックして自分が知らな
かったこととか、あれ？　と思ったことは、ちゃんと頭に入れてお
くというのが大事です。

　また、調べる時は(xi)「新しい論文集」って書いてありますけど、
その下(xii)にあるように、論文集で一番新しい論文を見つけるのが一
番大事で、一番新しい論文何かなと思ったら、一番新しい論文集
から順番に目次を見ていくんです、目次を。そうすると、どんな論文
が入ってるか、という、目次だけワーッと、まあ2、3ページです
よ、見る。「あ、これには載ってない」って分かれば、じゃあ次の
やつって、一番新しい論文集から順番に5年分から10年分くらい
目次をチェックすると、重要な論点なら必ず誰かその論文を書いて
いるので、それで一番新しい論文がだいたい見つかります。論文集
なんて、まあ10年分調べたって30分で終わりますよ、こんな作業。
目次見るだけだから。だからまずこれをやると。実は昔はそれをや
るために、書架に並んでいる論文集の背表紙に「H12」とかその発
行年を書いといたのね。うちの書架の論文集に背表紙に発行年が書
いてあるのはこういう理由です。

　あともう1つ、(xiii)の「法律時報」の話をしなきゃいけない。「法

律時報」というのがあって、毎月来るんですけど、これに論文とか、文献の「文献月報」というのが毎月出ます。これが実は網羅性があるんですよ。「商法」っていうところがあって、これもせいぜい紙2、3ページ分です。で、毎月法律時報が来ると、そこをザーッと見てね、あ、これは重要な論文・記事だなと思ったら、事務局にコピーさせてるんです。毎回見てると、これは網羅性がある。何がいいかっていうと、大学の紀要まで全部載ってる。実務書も入ってる。全部出てるんです。これ、実は江頭憲治郎先生に教えてもらったんだけど、「中村さんはどうやって網羅性確保してんの？」って言われて、「いやー、僕は論点ごとに調べるだけです」って言ったら、「僕はこれ見てるんですよ」って言われてね。江頭先生の基本書って、ものすごくマイナーな学者のものから、実務家のものまで全部網羅してあるんだけども、あれは何故かっていうとこれで全部チェックしてるんですね。「文献月報」っていう文献のところと、もう1つ「判例月報」もあって本当はここも見なきゃいけないんだけど、判例はここ見ただけじゃよく分かんないもんでね、僕はサボって見てないんですけど、判例のところも見ると、網羅できます。それを5年も続けてると、一流の弁護士になれます。

　それから(xiv)の「実務相談」系の本っていうのは、一度通読しておかないと論点が分からないということがありますので、ヒマなときに眺めておく。まあ、僕みたいに30年もやってると、あの本の何ページに書いてあったって覚えてるんですけどね、最初は分かりませんからね。

　(xv)に行きますと、今は、法務省とか金融庁とか関東財務局とか、あちこちに直接電話で問い合わせることが多いようですね。それ自体がいけないわけではないけども、僕らみたいな年寄りの弁護士から見ると、お客さんに質問されて法務省に電話して「法務省がこう

言ってました、以上です」っていうね、法務省がこう言ってました、金融庁がこう言ってましたって、いうのだけを答える弁護士っていうのは、弁護士ではないっていうふうに思ってますね。ちゃんと自分で調べて考えましょうという話でございます。みなさん気が付いたと思いますけど、僕が法務省とか関東財務局とかに電話して質問してるところは、きっと1回も見たことないと思うんですね。僕が最後にそれやったのもう20年ぐらい前だと思います。

　それから(xvi)の「以上を調べても参考資料が見あたらない」。分かんない、どうしようってなったときは、先輩に相談する。困ったときは先輩に相談するっていうのは結構でございまして、「合議はタダ」ですから、しっかり先輩と議論してくださいと。これはその事件を担当してる人、してない人誰でもいいんです。とっ捕まえて「先生これどうすんの？」って聞いていいんです。

　それからもう1つ、(xvii)に書いてあるんですけども、「じゃあちょっとこれ調べてね」ってそれで先輩と合議するでしょ。で、その時に「これこれこうでした」って言うんだけども、その時に何を調べたかっていう媒体、これを一番最後に付記しておくと、そうすると先輩が「これは見てないの」とか「こういうのもあるんだよ」みたいに言ってくれますから、何を調べたかって書いておくと、勉強になると思います。先輩と仕事をするときは、そういうことも頭に入れてください。

(2)　訴訟の場合

　さて、それから「訴訟の場合はどうするんだ」という話です。(i)「事実調査と法律調査がある」。法律調査は、弁護士職務基本規程で義務になっていること、知ってましたか？職務基本規程37条1項は法律の調査なんだけど、「弁護士は、事件の処理に当たり、必要

な法令の調査を怠ってはならない」。これやらないと弁護過誤です、いきなり。面白いのは2項で、「弁護士は、事件の処理に当たり、必要かつ可能な事実関係の調査を行うように努める」。事実関係の調査は、可能な範囲での努力義務なんです。これとは大きく違ってまして、法律調査はちゃんとやんなきゃいけないという話でございます。レジュメに戻りまして、①「まず事実調査」ってことなんだけども、我々の場合ほとんど企業が依頼者なので、企業間の紛争って必ず経緯があってですね、ストーリーがある。何故かっていうと、町の熊さん八っつぁんだったらね、突然脈絡のないことやる奴っていっぱいいるんだけども、企業の場合には営利目的のために一番最善の選択肢を取るっていう積み重ねで商売やってますから、実は目的がはっきり分かってる。感情的にどうだとかいうのでなくて、どうやったら一番儲かるかってことでやってる。しかもその時点で担当者がどういう情報を持ってるかってことを特定すると、こういう情報を持っている時に、こういうことを目的としている人は、こういうことをやるはずだっていうふうに、必ずそういう分かりやすい理屈でストーリーが展開される。なので、ストーリーを追っかけて行くと、「縁由と結果の連鎖」と書いてありますけど、そういうストーリーが分かるわけですね。そのうえでそこに「あるはずの証拠」「ないはずの証拠」とかね、いろんなことを考えてくださいね、ということであります。

　で、②の「法律論点は」と書いてありますが、事実関係の調査の後に、法律の論点は考えて下さいと書いてあります。これどういうことかっていうと、頭のいい弁護士ほど先に理屈を考えるんですよ。「民法の要件事実はこうだ」とか「会社法の要件事実はこうだ」とかいうことから考えて、「だからこの要件事実に当てはまる事実はこうだ」とか事実をあてはめてって、「だからこうだ」と主張をす

る弁護士がいるんですけどね。そういうのって裁判官の心を全く打たない。何故かっていうとね、裁判官の心っていうのは、事実としてどういう流れでどういうことがあったの？　という疑問があって、そういう事案だったらこうだよねっていうふうに、事実の方から持って行くんですね。それを、要件事実でこの３つがあってこうです、こうです、って言われてもですね、血の通っていない主張になってしまって、裁判官の心を打たない。ですから、弁護士としてはまず事実関係をしっかり調査してから、その後に法律はどういうふうにしたらいいんだろうな、って考えるのがよくて、先に法律ありきっていうのは絶対にダメですね。

　その下、(ii)「依頼者からのヒアリングがちゃんとできるかどうかは、一人前かどうかの分かれ目」ということですがこれは重要でございまして、ヒアリングがちゃんとできるようになれば一人前ですね。まず①「各担当者の立場を」ちゃんと考えよう。社内で責任の押し付け合いをしてるかもしれない。僕らのところは訴訟系や紛争系が多いので、そうするとよくあるのが、社内で「あれは営業部門のせいだ」とか「いや法務のせいだ」とか「○○役員のせいだ」とか、まあそういう押し付け合いがしばしばあるわけです。そういう時に弁護士が一緒になって、あいつのせいだ、こいつのせいだなんてことを言っちゃいけない。でもね、そういう弁護士って多いんですよ。世の中のたぶん半分以上がそういう弁護士ですね。こないだやった事件も、ある弁護士が「なんでこんな契約書作ったんだ」「作った奴のせいだ」とか言って、犯人決めてから「じゃあ、どうしようか」ってやってましてね。そうやって犯人を決めて、「俺のせいじゃないぜ、あいつの責任だ」と、まず責任を他人に押しつけてから仕事をする弁護士って、一番下手クソな弁護士ですからね。「誰のせい」にするじゃなくて、救世主になってあげる、全員の助

け人になってあげるのが重要ですね。

　それから②「真実はきちんと聞き出す」というのがあります。誰だって言いたくないことや社内でも隠していたことなんかがいっぱいあります。なかなか言い出せないってことってあるのは分かるんだけども、知らない事実が訴訟になってから出てくると負けちゃうかもしれないので、弁護士としては「どこが一番まずかったと思います？」とか「どうしてこの時こうしたの？」とか「本当にそうなの？」とか、「訴訟になってから出てきたら負けちゃいます。今教えておいてくれたら、そこを考慮して戦略を考えますからね」って、「変だなあ」と思ったらズバリ聞くのが一番いいんです。去年からバタバタしてたある事件も、なんか変だなと思ったから、一番最初に担当者に「あんたやったの？」ってズバリ聞いたら「やってません！」って言った。それで僕も「じゃあ分かった」ってね。「おかしいなあ」と疑いながら、でもズバリ聞いたらなんか悪いかな、怒っちゃうかな、みたいに遠慮して、聞かないのが一番まずい。肝になる事実が真実か否かを、余計な忖度であやふやにしておくと、後で必ず痛い目をみます。疑ったままだというのが一番よくない。疑ったらちゃんと、正面から聞くのがいいですね。

　それから③、質問をするときに、質問する理由を説明してから事実関係はどうだったの？　と聞く方法と、逆に理由は全く言わずに聞く方法があるんですけども、これは両方ありえます。こういう事実があれば勝てるとか、逆にこれがあったら負けるんだとかいうときに、僕らが先に理由を言うと、担当者を誘導しちゃうんですね。「あ、こういう答えを期待されてる」って斟酌されてしまって、事実を枉げたり、余計な脚色をされても困るっていうのがある。でも一方で、何でこういう質問をしてるのかっていうのを説明しないと、本当は、「実はこういうことがあった」って有利な証拠を持ってる

のに、担当者が気が付かずに言わずに終わっちゃうなんてこともあります。ですからそのへんのバランスも、臨機応変にしないといけない、ということですね。

④の「なんでもっと早く相談に来なかったんだ」とかね、「こういうことをしちゃったからダメなんだ」というのはね、よく言うんだよね、弁護士がね。下手な弁護士ほど言う。これは森綜合歴代、「絶対にこれはやってはいけない」と言われてました。依頼者のせいにした上で、自分の保身を図るやり方ですね。医者と同じです。医者の中にも重篤な患者が来ると、「なんで今日まで来なかったんだ！」って怒る人がいるんですけど、僕にしてみりゃ「馬鹿野郎、おめぇが治せ」って話ですよ。

そうして(iii)「ⓐ事実のストーリーを見つけること、ⓑそれを要件事実に落とすこと、ⓒ勝てる証拠を見つけること、ⓓ難しい事件でもなんか知恵を出すこと」というね。それがお仕事よ、ということでございます。

(3) M&Aや契約書などの作成の場合

さてその下には、M&Aや契約書などの作成の場合にはどうするんだというのがありますが、M&Aについては、大手事務所から分厚い本が出ていますし、M&Aの契約条項やDDについて特化した本も出ています。M&Aは、僕より他の先生方の方がよっぽど上手いので、これくらいにしておきますし、その他の契約書となると本当にケースバイケースなので、これはOn the jobでやってください。

(4) 参考までに——世の中の公表情報・オンラインサービス

RESUMEの「参考までに世の中の公表情報・オンラインサービス」ということで、こんなものがあるよってことで、EDINETか

らずらっと書いてあります。今どきは、インターネットに情報が溢れていますね。データベースで開示しているので、事務所にいながらにして山ほど情報収集ができますし、いろんな情報を加工して使えます。これはヒマなうちに遊んで、「あ、こんな使い方もできる」とかね、「こんな出し方もできる」とかね、そういうのをやっていただくといいかなと思います。［例］のところには、無料で使えるものから、事務所で契約している有料のデータベースまで、主なものを並べています。

　まずは企業情報系で、「EDINET」。これは、金融庁の電子開示システムで、金商法に基づく企業内容の開示や公開買付けに関する公衆縦覧された書類の閲覧ができます。有価証券届出書、有価証券報告書、四半期報告書、臨時報告書、大量保有報告書、公開買付け報告書とか。有価証券報告書には、定款や総会の招集通知が添付されてるとか、そういうのも、使って感覚で覚えておくといいですね。

　東証のところに3つ並んでいるのは、①「上場会社情報の検索」と、②「適時開示」と、③「上場規則類」です。①上場会社情報は、各社の基本情報的なものから、定款、株主総会招集通知、独立役員届出書、コーポレート・ガバナンス報告書、株価情報なんかが収集できます。②適時開示は、文字どおりですね。③上場規則の類いは、上場会社から受けたコーポレートアクションのご相談に際して、東証との関係での手続を検討する場合とかに、参照することがあります。

　あと、企業情報検索の商用サービスで、「eol データベース」というのがあって、これはかなり機能が豊富です。EDINET や東証の上場会社情報と適時開示の関係で開示されている情報は、ほぼすべて網羅されたデータベースになっていて、複雑なキーワード検索も、書類横断的にできちゃいます。データを加工して、Excel とか

で出力、といったこともできるので、執筆や講演のレジュメを作る
ときとかにも使えると思います。ただ、機能が豊富な分、使いこな
すには知識がいるので、自分でいじってみたり、先輩にコツを教え
てもらいましょう。

　「法令検索」は、現行の法令を調べられます。法令については、
「第一法規 D1-Law」のデータベースにも、法令検索のサービスが
含まれています。こっちの方が、過去に遡って改正情報を調べられ
たり、政省令に委任されている場合の委任先の政省令をすぐに探せ
たりと、使い勝手はいいかもしれません。

　「日本法令外国語訳データベースシステム」は、法務省が出して
いる、日本の法令の参考英訳が参照できます。

　「特許情報プラットフォーム」は、特許や商標とか、知財関係の
情報検索。

　判例関係で言いますと、「裁判所裁判例情報」というのが、最高
裁のウェブサイトで、最新の最高裁判例や、下級審の裁判例が出て
きます。民間のものでは、さきほどの「第一法規 D1-Law」、「判例
秘書」、「Westlaw Japan」、「TKC ローライブラリー」あたりに判例
検索データベースが含まれています。それぞれ使い勝手が違うので、
時間のあるときに全部使ってみて、自分が使いやすいのがどれかと
か、使い方を把握しておくといいですね。もちろん、登載されてい
る判例が少しずつ違うので、網羅的に調べようとすると、全部使う
ということになるのだけれど、とりあえずちょっと調べようという
ときに、どれをとっかかりにするかということです。

　「日経テレコン」は、新聞記事と法律関係以外のビジネス系の雑
誌記事のデータベースですね。この「企業検索」で、帝国データバ
ンクとか東京商工リサーチといった企業調査会社が提供している簡
易な企業情報も取得できます。上場会社の情報は、EDINET とか

東証の上場企業検索を使えば、定款や財務情報に始まり、かなりの情報をすぐに入手できるので、日経テレコンの企業検索を使うことはまずないと思いますけど、非上場会社については、基本的にEDINETなどでの情報取得ができないので、日経テレコンの「企業検索」と、登記情報、あとはインターネット上の情報くらいが、ひとまず入手できる情報になります。

あとは論文関係。「NII論文情報」では、学術論文をキーワード検索することができます。第一法規の「法律判例文献情報」でも、論文の書誌情報を検索できますね。「判例秘書」や「TKCローライブラリー」を使うと、法律雑誌をキーワード検索して、PDFでそのものを見ることができます。商事法務の各種データベースも、それぞれの雑誌の古いものから、直近数か月前までの分をキーワード検索して、PDFで参照できます。

(5)　その他の調査方法

最後に、「その他の調査方法」ということでいくつか。まず、「弁護士会の照会手続」と書いたのは、弁護士法23条の2に基づく照会のことです。法文をご覧いただくと「弁護士は、受任している事件について、所属弁護士会に対し、公務所又は公私の団体に照会して必要な事項の報告を求めることを申し出ることができる」とあって、弁護士会を通じて、事件に必要な情報収集ができるようになっていますね。企業法務で日常的に使うことはあまりないけれども、自分が使わなくても、例えば、顧問先企業から「弁護士会から照会書というのが来たのですが、どう対応したらいいですか」なんて相談されることはあるかもしれないので、制度の仕組みは知っておきましょう。

次の●、「調査嘱託申立て、文書送付嘱託申立て、検証申立て、

証拠保全申立てなど」とあるのは、いずれもご存じのとおりの民事
訴訟法上の手続です。

その下に「行政文書の開示手続」とあります。いわゆる情報公開
法（行政機関の保有する情報の公開に関する法律）に基づき、不開示
情報を除いて行政文書の開示を請求できますが、請求の仕方や請求
書の様式などは、対象の行政文書を保有している行政機関が公開して
います。開示請求をする場合はそれに従いましょうということです。

8 訴訟弁護士に必須の知識は速やかに習得すべし

●RESUME・Ⅱ-8

◇　訴訟弁護士に必須の知識
- 心証形成の仕組み
  - ・　処分証書の一連の最高裁判例
  - ・　心証形成に関する最高裁判例（ルンバール事件など）
  - →今は文献がたくさんある。10冊くらい熟読する。
- 要件事実
- 民事訴訟の法廷技術の知識──民訴法・民訴規則は必須。
  - ＊　相手方代理人が突然欠席したら準備書面は陳述できるか？
    証拠は出せるか？など
  - ＊　弁論準備手続が終わったが証人尋問で新しい証拠を出すこ
    とはできるか？
  - ＊　証人尋問で異議を出すときはどうすればいいか？
  - ＊　弁論調書には何を記載するか？
  - →民訴法・民訴規則は、裁判官と法廷でやり取りできるくらい
    にはマスターする。

各種文献、書記官研修所の教科書（司法協会・法曹会の文献）
など

◇　訴訟弁護士に必須の知識

　8番目からは、こういうことはやっといてちょうだいねというこ
とでございまして、「訴訟弁護士に必須の知識は速やかに習得」し
ましょうということです。まずうちの事務所に入るような人は、訴
訟は絶対やりたいと思ってる人が多いので、訴訟は絶対できるよう
になりたいはず。そこで、訴訟弁護士に必要な知識ってなんだ、と
なりますと、まず1つは「心証形成の仕組み」。裁判官が何を考え
て、どういうふうに結論を導いているんだろうかという、心証形成
の仕組みでございまして、これに関しては、処分証書とか、一連の
最高裁判例がいっぱいあります。昔は本がなかったんだけども、最
近10年くらいで山ほど出てますので、これはもう、10冊ぐらい熟
読してください。ひたすら読むと。もうルールですからね。昔みた
いに裁判官がふんふんと目分量で「うん、これはこっちの勝ち！」
みたいな、そういうエイヤじゃなくて、ルールで、これはこういう
証拠があるからこっちの勝ち、とか、そういうのが今の裁判所の判
断の仕方なので、このへんの処分証書とかそういう話はしっかり読
んでほしい。

　その下に「要件事実」と書いてあって、要件事実は研修所とかで
習ったのかな？　まあそれぐらいの知識でいいかと。要件事実はみ
んなが大事だと言って、僕も大事だとずっと思ってたんだけど、要
件事実で決着がついた事件って、実はあんまり記憶がなくてですね。
しばらく前に門口正人先生と対談した時に、「俺はずっと裁判官を
やったけど、要件事実の立証責任で判決を書いたことなんか1回も

ない」、「全部筋が分かるんだ」と、すごいことを仰ってました。

　それはともかく、その下の「民事訴訟の法廷技術の知識」という
ところ。「民訴法・民訴規則の知識は必須」ですよと。実は、弁護
士はみんなこれが弱いんです。いわゆる訴訟弁護士、一般民事やっ
てる弁護士も、みんな民訴法の法廷でのルールはよく知らない。弁
護士になった後に「民訴規則読んだことある人」と言ったら誰もい
ないくらい。何故かというと、裁判所の法廷での指揮は、全部裁判
長が指揮しちゃうので、放っといてもやってくれるんですね。それ
に異議を言うなんてそんな根性もないもんだから、全く何も分かん
ないうちに裁判官がこうやってるということになるわけですが、あ
れは絶対ダメなんですよね。だから民訴法の法廷技術ぐらいはちゃ
んとしっかり勉強してほしいなと思います。僕は意識的に最近一緒
に裁判やる若手の先生には、「この点どうなの？」って質問を振っ
たりしてますが。例えば＊の部分にある「相手方代理人が突然欠席
したら準備書面って陳述できるんだっけ？」とか、「証拠って出せ
るんだっけ？」とかね。或いは「弁論準備手続が終わったんだけど、
証人尋問の段階で新しい証拠って出せるんだっけ？」とか、「証人
尋問で異議を出すときってどうすればいいの？」とか、「調書には
何書いてるんだっけ？」とかこういうのをちゃんとしっかり覚えて
るといいと思います。僕はこっそりこの民訴のところだけ模範六法
をちっちゃく切って、こんな薄っぺらいやつにして、法廷に行く時
に持ってます。そうやると裁判官と話をするときに、「民訴法の何
条で」とか言えますよね、彼らはプロだからもう頭に入ってますけ
どね。そういうことができると非常によろしいということでござい
まして、心証形成の仕組みと法廷技術の知識の習得、これは必ず
やってほしいなと思っています。

9　研究者との関係

●RESUME・Ⅱ-9

◇　研究者との信頼関係の構築
- 絶対嘘はつかない——重要なことは不利なことも含めて全部説明する
- 無理なお願いはしない
- 質問事項を適切に設定する——意見がもらえる範囲、質問の立て方などを考える
- 法律問題に限定する——事実認定に及ばない
- その研究者の学説はチェックする
- 起案は原則研究者自身にしてもらう
- 質問したい事項や事実関係、証拠などは事前にきちんと揃えて相談する
- 事件により、早めに行動する（優れた研究者は取り合いになる）

◇　研究者との信頼関係の構築

　9番目、「研究者との関係」。これはおいおい分かると思いますけど、研究者さんとは信頼関係を築くのが一番大事です。今僕ら、会社法、金商法の弁護士は、何か紛争が起きる度に、意見書を研究者の先生にお願いしています。その時に研究者の先生は「この弁護士は危ない」「この弁護士は信頼できる」っていうことで、見分けをしてます。当たり前ですけど、不利な証拠を持ってこない弁護士とかって絶対どこかで足をすくわれるので嫌われてますね。ですから、

全部ちゃんとありのままに言う。不利なことも全部説明する。無茶なことはお願いしない。「あの先生なら大丈夫だな」って思ってくれると、ざっくばらんに話もしてくれるし、書けるものなら書いてくれるということにもなりますので、そういう「無理なお願いをしない」。それから「質問事項を適切に設定する」というのも重要です。例えば研究者の先生は、会社法のプロだから意見書を書いてもらう。その時に事実認定について書いてもらってもしょうがないし、そんなの事実認定のプロでもないのに書いたって何の意味もないということになりますよね。また、質問の立て方も非常に難しいですね。その研究者の先生として書けるテーマにしないといけない。法律論でなければいけないし、専門分野の法律の話でないといけない。またいろいろな説があるから、全面的に我々の主張を肯定してくれるようなことは書けないかもしれないから、書ける論点に絞ったり、「最低限こういうことは言える」というような質問事項にする場合もある。研究者の先生に無茶なお願いをしないで済む質問の立て方というのが弁護士としての知恵の出しどころですね。

　●の中には、「その研究者の学説はちゃんとチェックしよう」とか、「起案は原則研究者自身にやってもらう」というのがあります。弁護士の中には自分で書いてハンコだけつけ、って人もいるんだけど、あんなの研究者もつまんないですよね。裁判官だって、「その研究者だったら何て考えるんだろう」ってことを一番知りたがってるわけでね。ちゃんと力のこもった意見書をもらうには、原則は、研究者本人に書いてもらうと。あと一番最後に「早めに行動する」と。優れた研究者は取り合いになるからということですね。

10 会議の前にすべきこと

●RESUME・Ⅱ-10

◇ 会議の進め方
(i) 会議の目的は何か

　　法律相談に来る。紛争・訴訟の依頼に来る。契約書や意見書の作成の依頼に来る。継続案件の続きで来る。などいろいろある。

(ii) その場で、事実関係のヒアリングをする会議もあれば、弁護士の意見を説明する会議もある。継続的な案件で各自の調査事項を確認したり、次回までの予定を決めたりする会議もある。

(iii) それぞれの目的に従って、適切に会議を進めることが重要。

　　効率的であること、迷走しないこと、やるべきことが明確になること、みんながやる気になること。反対意見や問題の指摘ばかりして、前に進まない発言ばかりする担当者がいたり、会議の司会役をしない担当者・弁護士たちもいる。

(iv) 基本的には長時間会議は非効率だから止める。最大2時間が原則。

(v) 会議の前には、「この会議は何をする会議か」を考え、準備するものがあればきちんと準備をし、その会議でどういう方向性に導くかを考え、担当者たちにもどういう説明をすれば理解してもらえるかも考える。

　＊ 「ぼーっと会議に出てんじゃねぇ！」ということ

(vi) 会議のメモを作成する必要がある会議と、ない会議。

(vii) 我々の説明内容や資料を用意する必要がある会議と、そうでない会議。

(ⅷ)　意味なくたくさんの弁護士を同席させないのが当事務所のやり方。そのため、若手の弁護士は、先輩の会議に同席する機会は多くない。大きな事件とか、起案が必要な事件、M&Aなどの場合に同席することになる。そういうときに先輩の弁護士の会議の主催の仕方を勉強する。

◇　会議の進め方

　それから10番目「会議の前にすべきこと」と書いてございます。会議の進め方っていうのは(ⅰ)「会議の目的は何か」って書いてあるけど、法律相談のために来たとか、訴訟の依頼に来たとか、意見書の依頼に来たとか、いろんな理由で会議に来るわけです。会議の場で何をするかと言えば、例えば、事実関係のヒアリングをする会議もあれば、弁護士が「かれこれこうでこうだよ」って説明する場合もあるし、いろんなことがありますよね。で、「それぞれの目的に従って、適切に会議を進めることが重要」で、放っとくと、会議は迷走するもんなんです。何故かっていうと、例えば、法務と営業と財務が来ましたなんていうとですね、ときにみんな自分の部署の責任に目が向いて、まとめようなんて気はなくて、自分の部署の利害しか考えてないこともあるんですね。そこで、誰もちゃんと司会役しないと、あっち行ったりこっち行ったりして、スタックしてそのままおしまいとなったりする。ちゃんと効率的に、短時間で、無意味なことをやらないで、ワケの分かんない発言とかはすっ飛ばして、「じゃあ次こうしようね」とか「これはこうね」とか、物事がちゃんと前に進まないと意味がないので、そういうふうに適切に会議をするっていうのがとっても重要です。しかもみなさんがその進め方に納得しないといけないので、合理的な説明をきちんとしながら交通整理しないといけない。

(iv)に「長時間会議はやめよう」と書いてありますけども、僕の場合は、会議は最大2時間です。2時間過ぎると頭がパタっと止まって、呆けてきます。これは人によって3時間でもいいという人もいると思います。僕が若いころ、弁護士5、6人で合議をしていたんだけれど解決策が出ないで会議が長時間膠着していました。そのとき、Q弁護士が入ってきて、「まずは窓を開けて空気を入れ換えろ」と言いまして、それで会議が蘇ったことがありました。知恵が出るかどうかは、外部環境にも左右されるんですね。

　それから、会議の前には「この会議は何をする会議か」を考えて、準備するものがあればきちんと準備すると。例えば「こういうメモを作っとかないとまずいな」とか「この点調べてからやんないと説明できないな」とか「この判例コピーしとこう」とかね。ただ、＊「ぼーっと会議に出てんじゃねぇ！」ってことでございます、はい。

　それから(vi)「会議のメモを作成する必要がある会議と、ない会議」。メモを取っておきたい会議もあります。何か事実関係を聞くような、ヒアリングをするような会議。そういうのは後から見返す必要があるので、メモを作りたい。しかし、別にメモを作る必要のないものも多い。僕の場合はたぶん、ない方が圧倒的に多い。何でこんなこと言ってるかっていうと、余所の事務所に行くとね、メインの弁護士がいてその隣にずらーっと、いっぱい若い弁護士がいて、ただひたすらメモを取る係の人がいたりするんだけど、あれがかわいそうでね。そんなものいらないだろうと思うんです。メモを取ってると会議の中に入れませんからね。だから、必要なものと必要でないものと分けていただいて、必要なければメモなんて取らなくていいから、自分で議論に参加できるようにしたらいいですね。

　それから、(viii)「意味なくたくさんの弁護士を同席させない」と、

これがうちのやり方なので。むやみにタイム・チャージを発生させ
ない。同席させたいときは、明示的にお客さんに「同席させてい
い？」と聞きます。逆にこれがうちの弱点でもあってですね、若手
の先生方がお客さんと直接会う機会がそれほど多くないというのも
あるので、大事件とか、そういう時にはしっかりお客さんのハート
を掴んでくださいということになります。

11　法廷の前にすべきこと／法廷ですべきこと

●RESUME・Ⅱ-11

(1)　目的意識を持って裁判所に行くこと
(i)　当日提出する準備書面、証拠などを確認する。
(ii)　提出する証拠の原本を用意する。
(iii)　弁護士バッジ（又は身分証明書）と職印を持参する。
(iv)　相手方の出した準備書面について、当方は何か釈明などをす
る必要があるかどうか。
裁判所は、相手方の出した書面について何を言うか。
(v)　当方が出した書面に対して、相手方、裁判所から何か釈明な
どがあるか。
(vi)　訴訟の進行はどうするか。当方が反論する／相手方が反論す
る／弁論準備になる／和解の勧試があるなど。当方としてはど
ういう進行を希望、主張するか。
(vii)　裁判所の発言をシミュレーションする。
(viii)　訴訟記録は熟読して出頭する（裁判官や相手方から何を聞か
れてもとっさに反応できるように）。瞬発力が最も重要。躊躇し
ない。

(2) 期　日
　(i)　期日の裁判所の発言は漏らさず聞くこと。自分たちの予測と同様の発言であれば、裁判官の心証も同様であることが分かる。異なっていれば、どこに裁判官が注目したか、どういう懸念をもっているか、どこの証拠が足らないと思っているか、などを感じ取る。
　(ii)　期日報告書は詳しく記載する。外形的なものだけではなく、裁判官の発言とその我々の解釈などを記載する。
　(iii)　当事務所の場合、法廷でわあわあ騒ぐタイプの訴訟活動はしていない。「傍聴席向け」のパフォーマンスは、裁判官も迷惑だから。
　(iv)　しかし、しっかり言うべきことは言う。物怖じしない。ケンカになってもいいという気構えで行く。おそらくケンカになったからといって、それで負かせる裁判官もあまりいないと思われる（多分）。白兵戦に不得手な人が若手に多い。これは気持ちが吹っ切れれば、何でもないこと。敵や裁判官に不愉快なことを言われたら、遠慮なく「冗談じゃない！」と一発かましてから、反論を考える。

(1)　**目的意識を持って裁判所に行くこと**

　さてそれから、「会議の前」の後は 11 番、法廷の前には何するのかという話でして、「目的意識を持って裁判所に行」きましょうと。当日提出する準備書面、証拠などはなんだったんだ？　と確認して、証拠の原本を用意する。弁護士バッジと職印を持って行く。バッジは付けてかなきゃだめだってのは、あの裁判所の入り口で入れてくれないから、ってそういう理由じゃなくてですね、裁判官が、そこの原告席に座ってる人が弁護士なのかどうかを確認するためなんで

すね。バッジを付けていればその人は弁護士と認めるんです。これ地方に行くと分かるんだけども、地方に行くと弁護士の数が少ないので、全員面識があるので、彼らは裁判官と面識があるからバッジを付けなくていいんだけども、東京って弁護士だけでも2万人近くいるので、みんな面識はないのですよね。

　それから(ⅲ)相手方が出した準備書面について、こちらから何か質問したり釈明したりする必要があるだろうかとか、逆に裁判所が相手の出した書面に何か言うだろうか？　とかね、逆にこっちが出した書面であれば、裁判所とか相手方から何か言われるだろうか？とか、どういう質問をされるかとか、そういうことを考える。つまり、事前に当日何が起きるかをシミュレーションするんですね。何が起きるかをシミュレーションする。それで用意もしておく。その下に(ⅵ)「訴訟進行はどうするか」と書いてありますけども、次回期日に何をするかとか、こちらとしてはどうしてほしいとか、そういう方向性をちゃんと決めてですね、それで期日に臨むというのが重要です。

　特に(ⅶ)に「裁判所の発言をシミュレーション」しましょうと書いてありますが、事前に、この書面出したら裁判所は何て言うかね？みたいなことを考えておいて、きっとこう言うんじゃないのとか、と予想していたら全然違うことを質問されたとか、「この準備書面の○ページにこう書いてあるけど、これどういう意味かね」という質問が来たりとかする。これで裁判官の心証が分かるんですね。僕らが予想したとおりの発言が来れば、裁判官も僕らと同じ心証持ってることが分かる。逆に僕らが予想もしないことを質問されると、「あ、裁判官はここはまだ全然分かってなかった」とか「これはまだ証拠が足りなかった」とかいうことが分かる。一番大事なのは、裁判官の心証と僕らの心証がどこかでズレると負けるんですよ。だ

からズレてないかどうかをずーっと見ていくのが重要なのでありますね、ということです。

　で、最後の(viii)「訴訟記録は熟読して出頭」しましょうってことで、なんで記録を熟読するかっていうと、裁判官から突然「あの証拠のあそこのあれは何なの？」などと聞かれることがあるんです。特に大事件になると膨大な記録があって、「昔の第○準備書面で先生方はこう言ってたね、これはなに？」とか聞かれたりすることがあって、咄嗟に「あ、あれはこうです」ってバチっと言えないといけないわけでありまして、現場で何が起きても、瞬発力でもって、咄嗟に「これはこうです」って言えるためには、ちゃんと記録が頭に入ってなきゃいけない。これは主任の弁護士が咄嗟に反応しないといけません。ですから、主任の弁護士はしっかり、前の日からずーっと事件記録を読むことということです。

(2)　期　日

　それから、期日は何をするか。(i)「期日の裁判所の発言は漏らさず」聞きましょうと。今言った自分の予測と合致していたかどうかという(1)の(vii)のあたりのことが書いてあります。それから(ii)期日報告書は、うちの事務所はなるべく詳しく書くという方針でいます。これはお客さんにちゃんと分かってもらいたいということでございまして、裁判官の発言の趣旨とか、どういう意図だとか、「これこれこう思ってるからこうだ」という、推測の部分も書くことが多いです。

　それから(iii)「当事務所の場合には、法廷でわあわあ騒ぐタイプの訴訟活動はしていない」というところ。「『傍聴席向け』のパフォーマンス」なんかしてもしょうがない。知的なことをやっているということですね。

それからもうひとつ言っておきたいのは(iv)「しかし、しっかり言うべきことは言う。物怖じしない。ケンカになってもいい」ということ。ケンカになったからって、それで負けさせる裁判官はあまりいない。ちょっといるかもしれないけど、まあ、あんまりいないと思うんだな。何故かっていうと、そんなんで負けさせたりしても高裁で破棄されちゃうでしょうからね。だから、あんまり物怖じしないでしっかり言うべきことは言うこと。

12　起案の仕方

●RESUME・Ⅱ-12

> (1)　訴状、準備書面など紛争系の書面
> ●　一番大事なのは、自分自身が「これで勝ちだ！」と確信してから起案を始めること。悩んでいる状態で書くと、迫力がなくなる。ストーリー、証拠、理屈などが腹オチするまで書き出さない。
> ●　書き出したら一気に書く。途中で別の仕事をしない。文章が途切れてしまう。
> ●　1文は短く。1文に1つの意味しか持たせない。前から順に読めばいいようにする。あちこち飛ばない。枝分かれしない。書面全体は短く。まず目次を書いてから、それを文章にしていく。
> (2)　ファイナンス系、開示系、M&A系など
> ●　正確であることが重要な書面。何度も見直しをする。漏れがないか、誤字脱字がないかなど、慎重に。

(3) 一般的な注意

● 起案は、一旦終わったら、一度別の仕事をして時間を空けて
から、再度見直しをすると、漏れなどに気付くことがある。こ
の寝かせる時間が重要。

● 起案を先輩弁護士に直されたとき、どうするか？
そのときには、修正した理由を教えてもらう。手間がかかる
ので先輩にとっては負担だが、直した理由を聞くようにすれば、
成長が格段に早い。例えば「これは方向性の間違い」とか、「こ
れは調査不足」とか、「これは知恵が足りない」とか、「単なる
趣味の問題」とか。

(1) 訴状、準備書面など紛争系の書面

さて、それから 12 番目「起案の仕方」まあ、このへんは仕事の
中身になってくるので、On the job でやってかなきゃいけないとこ
ろですけども、例えば訴状とか準備書面とか、紛争系の書面の場合
にはですね、誰かを説得するための書面なんです。裁判官を説得す
るとか、敵を説得するとか。なので、これは迫力が要るんです。押
し出しが強くなきゃダメで、一気通貫性とかそういうものが必要で
ありまして、人を説得する書面というのは、厳密な正確性とかそう
いうことよりも、迫力。ドーン！ ときて「おおー！確かにそう
だ！」と思わせるような説得力が必要なんですね。そのためには一
気に文章書けとかね、1 文は短くしろとかね、そんなことが書いて
あります。そういうタッタッタッタ！ こうだ！ 以上！ ってい
う書面がいいと思います。

そういう文章が書けるためには、まずじっくり調査して考えるこ
とが必要。難しい事件では、何か知恵はないか、法律論で何か論点
はないか、こういう主張はあり得ないかと、ずっと考え続ける。そ

の前提として、ありったけの文献や判例を調べる。証拠も全部探索する。その中で、「こういう論理でこういう主張をすれば勝てるんじゃないか？」というアイデアやストーリーが出てくる。その淵源は、どこに依頼者の正当性があるかという、実質的な正当性の根拠を見定めることです。「こういう事情があるんだから、これで負かされたらあんまりだ」というような事情。それを掴んでから、法律論に構築していく。逆はダメ。法律論から始まって、無理矢理証拠をそれに合わせるということをすると力がなくなる。そしてきちんとフローチャートにする。A→B→C→D→Eという流れが見えたら、証拠を加えて文章にして、これでいけると確信したら、起案を始める。自分はとことん調べたという自信があると、この確信が生まれるんです。

　それから訴状とか裁判所に提出する書面は、読み手の立場で考える必要があります。まず全体が短いこと。裁判官は忙しいんです。次に、あちこち引用してページが飛ばないこと。前から読んでいけばそれで頭に入るのがいい。専門用語などは、別に解説を付ける。その解説は、客観的、中立的に記載して、相手方も「認める」という認否になるようにする。争いがない事実になれば、裁判所はそれをそのまま使えます。解説は親切に書くこと。昔先輩の弁護士から、「専門的な事柄については中学生レベルで書くのが一番いい」と教わりました。ややこしいことを考えれば分かる、というのではなく、読んでそのまま分かるのがいいからだと。証拠説明書も丁寧に書く必要があります。弁護士は、依頼者から説明を聞きながら証拠を見て理解しますけど、裁判所は、ぽっと出されただけです。それだけではどういうものだか分からない。その証拠の作成経緯や性格など、信用性に関わることや、その証拠のどこが提出者にとって有利だということになるのかその説明などを丁寧にしないといけません。証

拠の出し方については、いろいろ民訴法的な位置づけも勉強してお
く必要があります。「写しを原本として提出」とはどういう意味か
とか、作成者・作成日付・書き込み部分の証拠性とか、そういう書
籍もしっかり読んでおく。裁判官は、証拠の記載については、じっ
くり読み込んでいる場合が多いです。弁護士が事件に関係ないと
思ってあまり見ていないようなところもきちんと見ています。やは
り裁判官の慎重さ、丁寧さというのは、訴訟弁護士の大雑把さとは
違っているので、それはきちんと自覚しておく必要があります。

(2) ファイナンス系、開示系、M&A 系など

　一方で 2 つ目のファイナンス系とか開示、或いは M&A 系になる
と、説得力の問題じゃなくて、正確であることが命なんですね、こ
ういう書面はね。そうすると漏れがないか、誤字脱字がないかなど、
何度も見直しをするということになります。紛争系と、こういう
ファイナンス系とは、全然発想が違うので、それぞれ、いろんな事
件を先輩たちと組んだ中で見ていったらいいかと思います。

(3) 一般的な注意

　で、「一般的な注意」と書いてありますのは、起案は、一旦終
わったら、一度別の仕事をして時間を空けて、もう 1 回見直しをす
るということをやるといいということですね。

　2 つ目の●に「起案を直してもらう」とあります。直してもらっ
た時に、遠慮しないで直した理由を聞いたらいいんですね。一度合
議でもやってもらってね、手間がかかるんだけど、何故そこを直し
たのかって 1 コ 1 コ聞いていくと、意味が分かるんです。それで、
どこを見落としたとか、こういう発想をすればいいんだとか、これ
は単なる言葉の趣味の問題だからどうでもいいんだとかいうことを

2、3回やってもらうと、格段に成長が違います。単純に直されて「うーん、そうかなー」と思ってそのままってハイって出してると、勉強にならないです。だからね、先輩をとっ捕まえて１コ１コ「何でこれ直したの」って聞いていくといいと思いますね。

13　一人前の弁護士とは？

●RESUME・Ⅱ-13

◇　自分で「これで良し！」と決断できること
- 最初は全く何も分からない。
- その内、いろいろ調査したりして法的知識はできてきて、それなりの起案などもできるようになるが、それでいいのかどうかは決断できない。相場観が未成熟。
- さらに経験を積むと「これはこれでいいのだ」と自信がついて、意思決定ができる。ここでとりあえず一人前。
- 一流の弁護士は、ストーリーを発見・構築する技術、難しい問題で知恵を出せる能力、会議を主催したり、事件を主導できる能力、人を説得する力などが図抜けている人。
- 楽しく仕事ができる弁護士が、一番良い弁護士。

◇　自分で「これで良し！」と決断できること

13番目「一人前の弁護士」。どうなることが一人前の弁護士なんでしょうか、ってことで、目標値ですね。「自分で『これで良し！』と決断できること」が一人前だと世間では言われてます。弁護士になって１年目は、最初は全く何も分からない。僕も弁護士になって２年目ぐらいまでは何も分からなかった。２年目過ぎると、いろい

ろ調査して法律知識ができてきて、まあ「こんな感じかな」みたい
な起案もできたりする。しかし、今度はそれでいいかどうかの確信
が持てない、という段階があります。確信が持てないのは何故かっ
ていうと、相場観がまだないからです。経験が増えると「あ、世の
中だいたいこんなもんだぜ」という相場観ができてきて確信が持て
るようになるんだけども、経験が少ないと相場観が未成熟なので、
いいかどうかよく分からないという、そういう段階が来ます。さら
にそこで経験を積んでいくと、「まあ、これはこんなもんだ」とか
「この契約書はこれでいいんだ」とか、自分で「これで良し！」っ
ていう意思決定ができるようになる。先輩に任せなくても、自分で
意思決定ができるようになる。これでひととおり一人前と言われて
まして、だいたい普通は5年ぐらいでここまで行ってくださいね、
と僕は言ってますね。

　その先3つ目の●「一流の弁護士は」というところ、紛争系の場
合には「ストーリーを発見・構築する技術」とかね、「難しい問題
で知恵を出せる能力」とかね、「会議を主催したり、事件を主導で
きる能力」とかね、「人を説得する力」とかね、そういうようなこ
とができると「おおー！」と、みなさん一目置いてくださると思い
ます。

　一番最後の●に「楽しく仕事ができる弁護士が、一番良い弁護
士」と書いてあります。これふざけてるんじゃなくてね。僕が弁護
士1年目のときだったかな。A社で石油の業転事件という大事件が
あって、その時僕はまだただ先輩弁護士にくっついて回るだけとい
う頃だったのだけど、A社の審査部長の人に銀座のクラブに連れて
行かれて、いろんな話を聞いて、向こうは練達の実務家で、こっち
は1年坊主なんで、いろんなことを教えてもらったんです。そのと
き「中村さん、いいか。よく聞いとけよ。お前さんいい事務所に

入ったんだよ。森綜合は素晴らしいところだよ。何が素晴らしいか分かるかい？」って言われて「分かりません」と言ったらね、「あんたの事務所はね、楽しく仕事してるだろ。これがいいんだよ」と言うんです。実は世間には、楽しく仕事をする弁護士って、あんまりいないらしい。確かに、余所の事務所の弁護士と組んで、なんか辛く悲しく仕事をする人がいたりしますね。お客さんが来て「いやー、これどうしたらいいんでしょう」みたいに聞くんだけども、そのお客さんは法律が全然分かってなくて、そうすると弁護士が「いやあなた、何を聞きたいんですか。この点ですか、あの点ですか？　ちゃんと特定しないと分かんないでしょ！」みたいなことを突っ込んで、お客さんも「だから、何が分かんないか、分かんないから来てんだよ！」となって、結局、そのままお客さんを撃退しちゃった弁護士もいましたね。これじゃあ、楽しく仕事ができませんよね。

第Ⅲ講

営業の仕方

1 営業について

◇　いつから営業を気にかけるか？

● 　当事務所の場合、アソシエイト時代に売上を気にかけること
はない（パートナーになるころにはちょっとは気にすること）。

● 　仕事を取ってくることよりは、顧客の信頼を醸成することを
目的とすること。

● 　まずは営業マンになるより、良い商品を作ること。すなわち
腕のいい弁護士になること。

→となると、5年くらいは気にしなくていい。

◇　いつから営業を気にかけるか？

　次に行きます。ここからは、「こんなこと言わんでもいいだろ」
という、営業の話です。営業の話なんて、どうでもいいのか分かん
ないけど、まあいいや。1番目、「営業について」。「いつから営業
を気にかけるか？」ですが、うちの場合は、アソシエイトの時代に
は、売上高がナンボかなんか気にしなくていいです。とっとと腕を
上げてくれと。売上高なんてガキのころはナンボだって別に、
1,000万円でも1億円でもなんでも構いませんからね。パートナー
になるちょっと前ぐらいには、パートナーになって赤字になったら
気の毒だから、まあ、そのぐらいの段階で気にしていただくので結
構です。仕事を取ってくるとか売上を上げるとか、そんなことより
は、お客さんとちゃんと仲良くなって信頼を得て、腕のいい弁護士

になるということがまず大事でございまして、基本的には5年ぐらいは売上なんかまるっきり気にしなくていいです。僕らも、売上を気にしないで事件を振ってます。だからね、「今年こいつよかった／悪かった」ということは、数字は出るんだけど、全然関係ない。

　弁護士の営業って面白いんです。弁護士って、弁護士自身が「営業マン」でもあるんだけども、弁護士自身が「商品」でもある。で、仕事を取って来ると自分でやるから、「工場の労務者」でもある。で、請求もするから「経理マン」でもある。実は弁護士の仕事って面白くって、「営業マン兼商品兼製造者兼経理マン」というのが弁護士でありまして、どうすれば一番売れるかって言うとね、いい商品を作るんです。だからね、腕のいい弁護士になればね、勝手に営業できるようになりますから。そういう考え方で結構でございます。

2　どうすれば仕事の依頼が来るか？

●RESUME・Ⅲ-2

(1)　クライアントはいい弁護士を欲しがっている。
- 　上場会社にはたくさんの顧問弁護士がいるが、会社は今の弁護士に満足していない。専門性や仕事の仕方や、分かりやすさや、解決能力や、その他いろいろな能力の点でより優れた弁護士を常に探している。
- 　社長・役員・法務責任者が替わると、新しい弁護士にしたいこともある。
- 　全く新しい分野は、最初に手を上げた者の勝ち。
- 　法律の改正や新しいルール・流れなどができる度に、チャンスが訪れる。

→実は上場会社の弁護士は、とても流動的。

● 上場会社は、だいたい10年目以上の弁護士を顧問にするが、それ以前でも、「これは」と思った弁護士はスポットで起用する。

(2) どういうときに会社は高い評価をしてくれるか？

● 圧倒的に早いこと

● 答えを言ってくれること

● 理由を言ってくれること

● 目からウロコの言葉を持っていること

● 知恵が出せること

● 訴訟に強いこと／深く理解していること

● 最新の情報をもたらしてくれること

● 実務／会社の事情を理解してくれること

［嫌いな弁護士は？］

● 無駄にタイムチャージを付ける弁護士

● 結論を言わない弁護士

● 「経営マターですから」と言って逃げる弁護士

● 自己保身ばかりを気にする弁護士

● 仕事くれ／お金くれとうるさい弁護士

● 本当のことを言わない弁護士（要するに自分の利益を最優先する人）

(1) クライアントはいい弁護士を欲しがっている

2番目「どうすれば仕事の依頼が来るか？」。これは、1年目、2年目の先生は気にしなくていいんだけど、5年目ぐらいからちょっと気になるでしょ。どうすれば仕事の依頼が来るかというと、「クライアントはいい弁護士を欲しがっている」っていう事情があります。昔ある弁護士がパートナーになったんだけど、全然売上が上が

んなくって、四の五の言った時に言い訳したのが、「今上場会社が何千社ある。しかし、みんな2つや3つの顧問弁護士がいると。そんなとこに今さら割って入れるワケないじゃないか」と。その時ふと考えたんだけど、確かに上場会社には2つも3つも弁護士とか法律事務所がついている。さらにスポットでも使ってるのがいるから10コぐらいの事務所がいる。じゃあみんなそれで満杯で、お腹一杯になってるかっていうと、実は、全然なってない。別冊NBL（別冊NBL160号、135号など）で、何年かにいっぺんですね、「お宅の弁護士に満足してますか？」というアンケートを取ってます。あれを見ると、満足してますって会社はすごく少ないの。実は1／3ぐらいしかいなくって、上場会社の2／3ぐらいは満足してない。それには、アドバイスの仕方が分かりにくいとかね、問題の解決にならないとか、専門性がないとか、いろんな理由があるんだけども、上場会社の大半は、今の弁護士に満足してないっていうのがまず事実としてある。ここにいろいろ書いてあるんだけども、常にね、優れた弁護士を探してるんですよ。常に探してる。間違いなく。さらにそういう一般的な背景があるだけじゃなくて、2つ目の●にあるようにね、「社長・役員・法務責任者が替わると、新しい弁護士にしたい」という会社が結構あるんですよ。これにはいろんな理由があって、自分の使い勝手っていう問題と、先代の社長とか先代の法務部長に、今自分がやってることが伝わっちゃうのがいやだとかね。そういう会社って実はいろいろあってね、時々弁護士を変えなきゃダメだっていうところもいっぱいあるんですね。或いは3つ目の●のように、「全く新しい分野は、最初に手を上げた者の勝ち」ですからね。他に誰も専門家はいませんからね。ですからこういうタイミング。法律の改正とか新しいルールができたとか、そういうタイミングで、会社も弁護士を次々探すんです。だから上場会社が何か

所も顧問弁護士を持っていようと、常にみなさん方が食い込むチャンスはあるわけでして、その下に矢印で「とても流動的」だってことが書いてあります。上場会社は、だいたい10年目以上の弁護士を顧問にしますが、それ以前でも「あ、こいつはいいな」と思ったらですね、スポットで使ってくれますのでね。頑張ってちょうだい、ということです。

(2) どういうときに会社は高い評価をしてくれるか？

「どういうときに会社は高い評価をしてくれるか？」。「圧倒的に早いこと」。これはね、ただ早いじゃダメなんです。「圧倒的に」が付くんですね。圧倒的に早いとね「ハッ‼」って驚く。そうするとね、この先生にお願いしよう、ってなるんですね。それから「答えを言ってくれること」「理由を言ってくれること」「目からウロコの言葉を持っていること」「知恵が出せること」「訴訟に強いこと」。これ、今重要なんですよ。訴訟に強い弁護士って今みんな探してますからね。それから「最新の情報をもたらしてくれること」。或いは実務とか会社とか担当部署とかそういう方々の「事情を理解してくれること」。企業の組織内のいろんな力学とかね、そういうことも分かってくれるとか、そういうことですね。一方、嫌いな弁護士は、無駄にタイムチャージを付けるとか、結論を言わないとか、何か聞いたらすぐ「経営マターですから」と言って逃げるとか、自己保身ばかりとか、仕事くれとうるさいとか、そういう弁護士。いっぱいいます。本当のことを言わない弁護士とかね。

3 どこで新規の顧客と出会うのか？

(1) 企業法務は狭い社会である
- 良い講演会をしていると、聞いてくれた人、そこから口コミで聞いた人に、噂が広まる。
- 良い本を書くと、高い評価が高まる。
- 日頃の法律相談で良い仕事をしていると、法務マン仲間で評判ができる。
- 大訴訟で良い処理をすると、世の中的に有名になる。
  →そういう情報を聞いていると、顧客の側から弁護士を探しに来る。
- 同業者の法務担当者の会や経営法友会などのツテを頼ってくるとか、講演会での挨拶、証券代行からの紹介、他の弁護士からの紹介など。

(2) 昔ながらの営業にこだわることはない
- 先輩の教え「頭を下げて仕事をもらってくるな」
  →ダメなものをダメと言えなくなる。
- 接待・ゴルフでつなぎ止めるのは今どきではない。
- 当事務所はお中元・お歳暮も送っていない。
- いろいろな会合や集まりなどに出席するなどのことは当然すべし。

(1) 企業法務は狭い社会である

次に3番目。どこで新規のお客さんと出会うのかということです

けど、これは僕らみたいな会社法・金商法の弁護士の場合です。まず「良い講演会をしていると、聞いてくれた人、そこから口コミで聞いた人に、噂が広ま」ります。これで実はお客さんがいっぱい来ます。例えば今A社の仕事やってます。それも一番最初は、あそこの監査役が僕の講演を聞いて感動して、それで顧問になっちゃいました。実はB社もそうです。C社もそうです。僕のお客さんの大手企業は講演会をきっかけに「顧問になって」と来た会社がいっぱいあります。それから良い著書。「良い本を書くと、高い評価が高まる」。これは弁護士が書いた本は山ほどあるでしょ。でも、大半は評価されてません。何故かというと、弁護士が本書くときにね、新しいことを書いて間違ったら心配と思ってね、絶対に新しいことを書かないのが普通なので、見てみるとね、法律の条文をそのまま書いてるとか、法務省の解説をそのまま写してるとか、そういうものばかり。新しいことが何も書いてない本が、だいたい9割ぐらいあります。ああいう本を書くと、「あ、この先生ダメだな」って逆に評価落とします。そんな中で良い本書くと、目立つわけですね。ちなみに僕が『役員のための株主総会運営法』（第3版、商事法務、2018年）という本を書いたんですが、あれが結構好評で、ある会社の社長さんが法務の人に「この中村さんって人に会ってみたい」ということになったこともあります。

　それから、「日頃の法律相談で良い仕事をしていると、法務マン仲間で評判ができる」と。法務マン仲間で紹介してくれることが多いんですね。昨日来たD社もそうです。それから「大訴訟で良い処理をすると、世の中的に有名になる」と。ま、こういうのもあると。E社事件とかね。

　会社法・金商法の世界の場合には、お客さんの側から弁護士を探しに来ます。この新しい分野ができるのはこの人だとか、この講演

会がよかったからとか、この本がよかったからとか、この口コミがあるからとかって、向こうから僕らを探しに来ます。これが今の時代の僕らの営業の仕方であります。ツテは、いくらでもあるんですよね。経営法友会とか、講演会とか証券代行とか。

(2) 昔ながらの営業にこだわることはない

「昔ながらの営業にこだわることはない」。僕も森綜合の時に先輩に、頭を下げて仕事をもらって来るなと、言われました。何故かっていうと、頭を下げて仕事をもらうと、ダメなものをダメって言えなくなるっていうんですね。結構、そうなってる弁護士は世の中にいますね。10年以上前にある業界の法務部長の集まりがあって、その宴会で話をしているときに、どんな弁護士がいいかみたいな話になって、「最近意見書もらわなきゃいけなくなったんだよね、大変だよ」なんて言ってる人がいたんです。そしたら他の会社の人で「ウチの先生は、どんなもんでもハンコつきますから」と言っていた人がいまして、そういう弁護士もいるんだなぁと思いました。そんな仕事はもらってきちゃダメです。そんな使われ方したら人生つまんないからね。だからここに接待ゴルフとかありますけどね、ゴルフ行くのは結構で、ただ遊んでくるつもりで行ってくるのがいいですね。そういうことでございまして、うちはお客さんにお中元もお歳暮も送ってない稀有な事務所でございますということです。

4 執筆、講演会のポイント

(1) 何故、執筆、講演会をするのか？

　(i) 自分の勉強になるから。

　① 最新の情報を集める。いち早く改正法や実務などの動向を探る。

　② 論点だけの法律相談ではなく、体系的全般的に勉強することになる。

　③ 説明するために「何故、こうなのか」ということを調べることになるので、深い理解に繋がる。会社法の理念を考えることになる。

　④ 実務の関心の所在が分かる。

　(ii) 実務家のお役に立つから。

　① とりうる選択肢の提示、とるべき選択肢の提示、各選択肢のプロコンを整理する。

　② 必要な書式、雛形などを作成、提示する。

　③ 社内でどういう調整が必要か整理する。

　④ 他社の動向をまとめる。

　⑤ チェックリストを作成、提示する。

　(iii) 良い講演、執筆をすると、高い評価をいただける。

　(iv) 会社は、新しい弁護士を起用するとき、社内で稟議などをする。そのとき、稟議書に記載できる実績などがあると便利。著作や講演、社外役員など。

(2) 何が良い講演、執筆か

　① きちんと結論をいうこと／理由を言うこと。

② インパクトがあるのは、「目からウロコ」。

「実はこういう経緯でこういう法制度が出来たのですよ」

「過去にこういう問題が発生して、こういう解釈が定着したのです」

「法制的に、この文言を使用する場合には、こういう解釈になるのです」など

③ 原稿やレジュメなど、タイムリーに出すこと——期限を絶対遵守。

④ 読者・聴取者をきちんと想定すること——実務家、役員、弁護士など

⑤ 切り口を明確にすること——その本・講演会の存在理由

(3) 何がダメな講演、執筆か

① 他の本のコピペ／結論を言わない、などは最悪

② 条文や判決を読んでいるだけのようなモノ

③ 台本を作って朗読する人

④ 参加者に何も得るものがないこと

　→どうすればいいか分かる／必要な資料が手に入る／書式がもらえる。

　資料のインデックスがもらえるなど、何でも良いから、聴取者などにどういうメリットを与えられるか考える。

(1) 何故、執筆、講演会をするのか?

　それで4番目、講演とか執筆ですね。うちの事務所の場合はみんな、講演とか執筆が多いんですけども、何でやるのか？ってことでございまして、まず(i)「自分の勉強になるから」っていうのがあります。講演とか執筆をするようになると、ひたすら最新の情報を集めなきゃいけないので、一生懸命集めるんですね。ですからいろん

な動向とか情報をもらえるということがある。或いは、日頃の法律相談だとだいたい論点で「この点どうすればいいんですか」って質問が来るんだけども、講演とか執筆になると1から10まで全部やんなきゃいけないので、体系的全般的に勉強することになって、これが非常にいいと。それから、来た人に説明しなきゃなんない、或いは読んだ人に説明しなきゃいけないので、「何故、こうなのか」ということを、ひたすら調べる。そうすると「あ、会社法ってこんなこと考えてるんだな」という、そういうところまで考えることになります。それから不思議なことですが、講演会でしゃべっている最中に、自分自身が「はっ」と気がつくことがあります。こういう理由だったのかとか、こういう流れでこうなったのかとか、そういうつながりや根拠が分かったりします。しゃべるというのは、そういう閃きのきっかけになるんですね。

　面白いのが、④に「実務の関心の所在が分かる」と書いてあるんだけども、講演会をやってると分かるんですけど、講演会で、僕はここが面白いと思って喋ってるんだけども、聞いてる人はぼーっとしてることがある。でも、こっちを喋り出したらみんな必死になってメモを取りだしたぞ。それで、あ、この人たちはこういうところが関心事なんだ、ということが分かったりするんですね。実務が知りたいのは、自分が今何をすればいいのか、というレベルのことが多いです。今回の改正法の対応としては何をすればいいのかとか、コンプライアンス部は何をすればいいのかとか、自分目線ですね。弁護士は、法律の条文の文言などを読んで、「ああ、ここでこういう文言を使っているからこういう解釈が出てくるんだな」とか、そういう理屈やパズルのようなところに面白さを感じたりしますが、それが好きなのは実務の人ではなくマニアックな人。

　それから(ii)「実務家のお役に立つから」というのがございまして、

とりうる選択肢を示してあげるとか、とるべき選択肢の提示とか、選択肢のプロコンを整理するとかですね。昔、東日本大震災が起きた直後にね、山田和彦弁護士に『大震災と株主総会の実務』（商事法務、2011年）というのを3日ぐらいで書いてもらったんだけども、あの本が非常に重宝されて、共著になっている中村がみなさんに褒められて、「いや実は僕書いてないんですよ。山田が書きました」って言ってたんですけども、ああいうふうに選択肢をパッと出せるというのが大事。あの本の中で「総会の最中に大地震が起きたら、とりあえず採決だけしてから逃げて下さい」と書いていますが、普通なら違法じゃないかって思うようなことだから、何か本にでも書いていないとなかなか心配で実務の人はそういう方針はとれないですよね。それをすかさず書いちゃったから、実務家にとっても感謝されてますよね。それから「必要な書式、雛形などを作成」するというのもあります。これは昔弁護士は書式とか雛形なんか絶対作んなかったんです。これは全株懇（全国株式懇話会）がやってたんです。全株懇がいろんな規程類の雛形を作って、商法が改正されるとその改訂版出してたんだけども、あるころから、僕らというか、その時はまだ森綜合にいたころかな、例えば株式取扱規程の雛形を作っちゃって本に書いて公表しちゃうとか、そういうことをし始めましたね。これも実務家に喜ばれた。

　ということで実務家のお役に立つというのと(iii)「良い講演、執筆をすると、高い評価をいただける」というのと、それから(iv)。会社が新しい弁護士を起用しようというとき、社内で稟議書を出さなきゃいけないんだけども、どういう先生かって書かないといけないんですね。でもただ「頭のいい人」なんて書いてもダメですから、「こういう本書いてます」「こういう講演会やってます」などという「ああ、この道の専門家なんだね」って分かってくれる情報がある

と、稟議も通りやすいってこともあってですね。紙に書ける実績が
あると便利だっていう、ささやかな話ですけど、そんなことでござ
います。

(2)　何が良い講演、執筆か

　次の「何が良い講演、執筆か」ってありますけども、きちんと結
論を言う、理由を言うということです。もう何度も出てますけど何
しろインパクトがあるのは「目からウロコ」なのです。この「目か
らウロコ」経験で、みんなファンになってしまうわけでございまし
て、これができなきゃしょうがない。「実はこういう経緯でこの法
制度が出来たのですよ」とかね。今の総務の担当者は3、4年で代
わっちゃうので、もう10年前のことは既に知らないなんて人も
いっぱいいます。昔は総務といったら「もう30年やってます」と
いう人がたくさんいたんだけど、もうそういう人いないもんだから、
こういう経緯とか「この法制はこうだからこういうふうに解釈する
んですよ」とか、「あ、なるほど！」ってとっても喜んでくれます
ね。このへんが大事です。この、聞いていて話が分かるというのが
重要で、例えば改正法の解説で、「この点はこうです、この点はこ
うです」とただ羅列していくと、みんな退屈して寝ちゃいます。そ
ういうときに、「今回こういう改正をしました、何でこんな改正を
したんでしょうね？　以前、こういうことがあって問題になったで
しょ、それでこういうことをすることになったのです」とか、「ど
うして報酬決定の方針など決議させるのでしょうかね。それは報酬
のあり方が企業価値を高める仕組みの1つだと考えられるように
なったからですね。昔みたいなお手盛り防止なんていう発想は後退
しましたね。そうすると総会での説明義務も拡大していくでしょう。
そしたらみなさんは何を説明したらいいでしょう？　ポイントは、

設計の目的と、報酬ミックスと、ベンチマーク（水準）と、連動指標ですよね。それを説明すれば一発で分かります」というように、流れで説明する。或いは聴取者が疑問に思うところを採り上げて、その疑問から話を始める、というのがいいですね。そうすると聞いている方も「ああ、なるほど」って聞きながら頭に入ります。ポイントは、最後に実務家や役員である聴取者・購読者は何をすればいいのかという彼らの行動に話を帰結させることです。そうしないと言いっ放しになって、「で、僕らは何をすればいいの？」という「？？？」の講演・書籍になっちゃう。

　それから執筆にしても講演にしても、その時点の最先端のノウハウを全部開示してしまうことです。多くの弁護士は、ノウハウは内緒にしておいて、外部には出さないというところが多いんですが、それではだめです。そんな本や講演、つまらない。弁護士というのは世の中のためにいるのです。最先端のノウハウを開示して、それが実務家や関係者に共有されて世の中が一歩前に進んだら、とってもいいことじゃないですか。それを自分たちの食い扶持を守るために世の中の進歩の足を引っ張ろうなんて、あほくさいことです。今現在の最先端のノウハウを開示してしまって、みんなが追いついてきたら、さらにその次の最先端のノウハウを自分で生み出せばいいんです。もともと会社法や金商法の世界は変化が非常に激しくて、次々に新しいテーマや課題、法律や判例が出てきますから、ノウハウなんて1、2年もすればすぐに陳腐化してしまいます。このノウハウを開示したら食い扶持がなくなるなんて後ろ向きの発想をしないで、どんどん前に進んだ方が楽しいです。

　③のところに「原稿やレジュメなど、タイムリーに出」せって書いてありまして、「期限は絶対遵守」って書いてあるんだけど、僕ら弁護士が書いた原稿とかレジュメとか対談、講演会とかってどう

いう存在理由があるかって言うと、あれは生鮮食料品なんですね。生鮮食料品です。研究者が書いた文章は、あれはオブジェですね。永遠に残るオブジェです。僕らが書くやつは生鮮食料品でね、1年も経ったら捨てていいんです、もう。あんな本は。逆に言うとね、今出さなきゃ意味がないっていうのが、僕ら弁護士が書いた本なんですね。なので僕らは生鮮食料品なので、タイムリーにやるっていうのが絶対必須だということですね。

　それから、書く場合、しゃべる場合には読者とか聴取者をきちんと想定して、実務家向けだとか役員向けだとか弁護士向けだとかで切り口をちゃんと考えて、何がメリットなのかということも考えること。この「切り口」という発想が重要で、それがない本は買う必要がない本です。例えば、この本は新しい傾向をしっかり網羅して、意識の高い法務の方々に、時代がどこに向かっているかヒントを与えるようなものにしたいという切り口だとか、この本は難しい論点について必要な資料や文献、判決例を網羅していて、自分で考えるときに必携の資料集にするとか、世の中の本では書いていないような新しい視点や問題点を指摘するのだとか、逆に実務家が何をすればいいか必要な資料とか手順とか社内の説得の理由付けなどをみんな書いて便利な本にするのだとか、「切り口」にはいろいろあります。「切り口」は類書がないものをひねり出す知恵です。それは日常の実務をやっている中で、はっと気がつくものです。実務をやっていない人が、本だけ書いても浮き草になっちゃいます。出版社の人たちと雑談をしているときに、「最近こういう相談が来るんですよ」とか、「この事件の本質はここじゃないかね？」とか、いろいろな気付きをしゃべっていると、実務のニーズの所在や時代の流れなど、いろいろな切り口を思い付いたりしますね。

⑶ 何がダメな講演、執筆か

　他方、何がダメな講演か、執筆かというと、「他の本のコピペ」なんて本、世の中にいっぱいありますね。しょうもない。結論を言わないとかね。結局どうすればいいか分からない講演なんて、聞く価値がない。ちなみに講演会を頼まれた時に台本を作って、それを朗読したら、一発でアウトですからね、そんなことは絶対しないようにということです。何故なら、そんなの人を説得するやり方ではないでしょう。スティーブ・ジョブズさんがプレゼンでシナリオを朗読したことはない。

　講演の場合は、2時間の講演だったら4時間分くらいの話を作っていきます。その中で聴衆が面白いと思ってくれたところにフォーカスして話します。レジュメは、詳細なものを作ることもあるし、項目だけのこともある。詳細なものを作ると、来場者は安心して話を聞かなくなる。それでは来ていただいた意味がない。しっかり聞いていただいて「ああ、そうすればいいんだ」などと分かっていただくのが講演会。だから項目だけのレジュメの方がいいときがある。他方、詳細なことをしゃべるときは、聞き手が書き取っている時間がなくなって、話が分からなくなったりするので、そのときは詳細なレジュメを作って、話を聞いていれば書き取りはしなくても大丈夫なようにしてあげる。役員向けだと、彼らはほとんどメモなど取らないから、レジュメは詳し目に書いて、あとからそれを読むと話の内容が思い出せるくらいのものにする。

　講演の準備は、相当時間を割いた方がいいです。中村も若いころには、1回講演をするのに、丸4日くらい資料や判例を読み続けて、ストーリーを考えていました。何十時間も費やすと、だんだん若手の弁護士でも分かってくることがある。なにより自信がついてくると、しっかり話をすることができる。緊張もしない。不安感が残っ

ている人がしゃべると、聞いている方はがっかり。

　講演にしても書籍にしても、中身を考える段階では、たくさんの
キーワードを思い付くままに書いていく。それをじっと見つめてス
トーリーを考えていくと、A→B→C→D→Eなどといった流れが
見えてくる。その流れに沿ってキーワードを並べ替える。たくさん
拾ったキーワードの中で、その流れに出てこないものはすべて捨て
る。これが重要。枝葉を残さないのが分かりやすい講演、書籍のポ
イント。アルゴリズムを作る。それが分かりやすくて、しかも面白
い話の骨格です。

5　企業法務の世界の特徴

●RESUME・Ⅲ-5

> ● 法務担当者間で口コミ情報が広がる。
> ● 法務担当者はたくさんの弁護士に依頼した経験があるから、
> 　いろいろな弁護士を知っている。比較評価ができる。
> ● 法務担当者はそれなりの知識と知性を持っている。弁護士の
> 　言っていることが分かる。評価能力がある。
> ● 企業法務の弁護士は大半がつまらない弁護士である。ニュー
> 　ヨーク・スタイル。
> ● ここ一番という大事件の時には、その道の最高の弁護士を探
> 　しに来る。

　さてそれからその先に行きます。5番目「企業法務の世界の特
徴」ということでありまして。この世界は法務担当者の口コミで情
報が広がるというのがあります。何故かっていうと、どの業界も法

務担当者間の情報連絡網があるからですね。大企業の法務担当者は、そこら中の弁護士と付き合いがあります。当たり前だけど10や20ぐらいの事務所は知ってて、そのぐらいの弁護士も知ってます。僕らも他の弁護士と一緒になって仕事することがあるんだけども、その弁護士が1人でやってる時にお客さんとどんな関係でやってるかを僕らは知らない。でも、お客さんの方は知ってるわけです。だから、僕らよりも他の弁護士のことはいっぱい知ってます。そのため比較の評価ができるんですね。「あ、この事務所の先生はこんな感じでこんなふうにやってくれるんだ」ということが分かるので、良し悪しがはっきり評価できる。しかも一部上場企業の担当者になるとみなさん知的なレベルが高いですから、ちゃんと説明したこと、言ったことを分かってくれる。評価する能力がある。だから「この先生、すごい」とか「この先生、頭いい」とか「この先生はすごい慎重だ」とかみんな分かるということです。

さらに4つ目の●に、こんなことを書いたら怒られますけども、「企業法務の弁護士は大半がつまらない弁護士」だと書いてあります。ニューヨーク・スタイルで、言われたことしか答えないとか、何を言っても「経営マターだ」といって知らん顔するとか、そこら中にディスクレーマーがついてるとかという弁護士もいる。

企業の方から見ると、大半の企業法務の弁護士は物足りないんですよ。なので、ここ一番という大事件の時には、必ずその道の最高の弁護士を探しに来るわけでありまして、うちの事務所は訴訟にしろ敵対的買収とかにしろ、ここ一番という事件が結構来てますね。たかだか10人ぐらいしかいない事務所なのに、なんで来るかっていうとですね、もちろんそれまでに顧問弁護士もいっぱいいたはずなんだけども、この事件だけはうちの会社が死ぬか生きるかだって思うと、最高の弁護士を探さなきゃって思うんですよね。で、そう

いう時にうちの事務所にパタパタと来てくれますからね。嬉しいことです。

6 顧客との報酬の決め方

●RESUME・Ⅲ-6

(1) どのあたりが相場か？
- 法律相談などは、タイムチャージ。
  但し、新人のときに、たくさんの時間を使ったからといって、全部請求しないこと。
  勉強代は自前。事務所内での働く時間の管理と、顧客への請求は別。
- 中村の場合、他の弁護士に振った法律相談で、出来が良くてそのまま顧客に出した場合には、自分の時間は請求しない、逆に出来が悪くて自分でやり直した場合には新人の分は請求しない、としている。顧客から見ると余計な時間だから。
- 訴訟の場合は、事件報酬が多い。但し、巨額になる場合などは相談。
- インセンティブの仕組みが適切に整理されるように配慮することも。
  例：だらだらと長くやっているとタイムチャージで儲かってしまうとか、速く勝つと損してしまうとかは、よろしくない。
(2) 交渉の仕方は？
- 先輩に相談しながら、顧客ごとに考える。
- 当事務所は「お金命」ではないので、顧客にとって一番良い方式でいい。

(1) どのあたりが相場か？

　6番目、このへんからもうどうでもよくなってくる。お客さんとの報酬の決め方、どのあたりが相場かという話。法律相談なんてタイムチャージだね、なんてことが書いてあります。ちなみに新人のときに、調べ物などにかかった時間は全部申告していただいて結構なんだけども、お客さんに全部は請求しません。新人の方にこれを調べといてねと言ったら20時間使ったけれど、僕は30分しか請求しないってことはよくあります。これは、勉強のために山ほど時間を使ってもらっていいんだけども、お客さんとの関係では、その仕事を処理するための必要な時間しか請求しないっていう方針なので、若い先生には大変失礼だと思うんだけれども、早く30分でできるように、って、そういうことだと思っていただければ。

　その下の2つ目の●。中村の場合、他の弁護士によく法律相談を振っているんですけども、出来が良いとそのままお客さんに出すことが大半です。その場合は自分でやった分は請求しません。逆に出来が悪くて自分でやり直すことがごく希にあるんですけども、その場合には他の弁護士の分は請求しない。どっちにしろその部分というのは余計な時間だから、ということでやっています。

　次の●、訴訟の場合には事件報酬が多いって書いてあります。この間もF社さんが相談に来たのだけども、ちっちゃなトラブルが多くてですね、5万円、10万円の裁判をいっぱい起こされるらしい。しかしそれを今頼んでる某弁護士事務所に頼むと何人もの弁護士がその事件に関わって毎月何百万円も請求されるそうで、請求額が5万円の事件で今月300万円請求されたんです、なんてことがあってですね、それで僕のところに相談にきたんですね。そりゃ不幸だねということで、うちの若い弁護士がいるから事件報酬とかでやってあげるよって話をしました。トータルでペイすればいいから、って。

要するにね、そんなバカな請求をするなって話ですね。あんな請求方法をしていたら弁護士業界全体が嫌われちゃいますよね、世の中から。

　ちなみにね、僕も昔ね、G社の役員が、つぶれたんで責任追及訴訟を起こされたなんて事件をやったんです。5、6年くらい毎週毎週、地方に通い詰めて、そのころは働いてる時間の半分ぐらいを使ってたので、年間2,000時間ぐらい使ってたんですね。5年以上やったんで1万時間ぐらい使ったんだけど、それでいくらもらったかっていうと、200万円もらったの、全部で。だからタイムチャージ200円。それでもその間売上が落ちるっていうわけでもないんだね。まあ、人生トータルでメシが食えればいいというのが訴訟弁護士の考え方であります。

⑵　交渉の仕方は？

　で、「交渉の仕方は？」これは好きにやってくれと、いうことでございます。報酬請求は、中村、もっとも苦手な分野です。

第IV講

やってはいけないことなど

1　株式等取引

●RESUME・Ⅳ-1

◇　株式、新株予約権その他金商法のインサイダー取引の対象
となるものの取引は一切禁止
● 　親から相続したとか、実家の会社の株とか、社外役員で持株
会に入ったり株式報酬をもらうとか、必要がある場合には、事
務所の弁護士に個別承認を得る。
→株取引で儲かるとインサイダー取引を疑われるという視点と、
株にうつつを抜かさず、一流の弁護士になってお金を稼ぎま
しょうという視点。
→インサイダー取引で失脚した有名弁護士は複数いる。

◇　株式、新株予約権その他金商法のインサイダー取引の対象と
なるものの取引は一切禁止

　次行きます。やっちゃいけないこと、ということで、こっからは
気をつけましょうという話です。こんなことは俺は絶対しないから
大丈夫だ、と思ってるかもしれないけど、相当危ないのでね。まず
株式等の取引ということで、うちの事務所は株の取引は一切御法度
ということになっていまして、うちの事務所が関わっている銘柄だ
けじゃなくて、基本的に株だろうがワラントだろうが全部ダメです、
ということです。親から相続したというのはしょうがない。売却は
別。実家の会社の株など、上場してないやつは別に構いません。社
外役員で持ち株会に入るとか、株式報酬をもらうなどの場合には、
個別に事務所の承認を取ってください、ということです。事務所会

議でも、メールを回してもいいです。これは何故かっていうと、昔インサイダー取引規制が入ったのが 1988 年、あのころは、弁護士でいかがわしい人がいっぱいいました。会社法の専門弁護士が株式投資の講演会をしてたり、買い占め事件で自分でも株式投資をやってたりしたんですが、そういう人が案の定捕まりまして。あのころから、経済界の側が、株にうつつを抜かすような弁護士は危ないと、あいつらは信用できない、という感じになったんですね。それでうちの事務所では全面禁止ということになったわけです。

2 情報管理、情報漏洩の防止

●RESUME・Ⅳ-2

> ◇ 情報の管理には注意
> ● タクシーの中の会話で固有名詞は出さない。
> ● 宴会の時は、個室にする。
> ● 鞄は、トートバック・紙袋は避ける。書類のタイトルが見えてしまう。
> ● SNS などでの会話、インスタグラムなどには要注意
> ● 他の事務所の弁護士とのコミュニケーションにも要注意

◇ 情報の管理には注意

　それから 2 番目、情報管理とか情報漏洩の防止の話。情報の管理には注意しましょうということで、タクシーの中での会話で固有名詞は出さないこと。固有名詞を出しながら宴会をしたいときには個室にする。それから、鞄はトートバッグとか紙袋はやめろと、僕らは弁護士 1 年目の時に言われました。何故かっていうと、トート

バッグとか紙袋は、うっかりすると、本とかファイルの背が見えちゃうから。事件名が見えちゃうとマズイということです。

それからSNSとか、他の弁護士とのコミュニケーションとかにも、ちょっとご注意ください。

3　その他の注意事項——過去に弁護士が失脚した事由

●RESUME・Ⅳ-3

- 必要のない預り金はしない。する場合も必ず個人とは別の「預り金口」口座を使うとともに、「依頼者の本人特定事項の確認及び記録保存等に関する規程」に留意。
- 内紛事件・解任事件・経営権を争う事件の弁護士倫理に注意。
- チョンボ、控訴し忘れ、手続し忘れ（弁護過誤で最も多い）。
  弁護過誤には2種類あり、裁量のある仕事関係と、裁量の余地がない仕事関係。手続ミスなど、裁量の余地のない過誤は、アウト。
- 異性関係、セクハラ／パワハラ。

それからその他の注意事項で、過去に弁護士が失脚した事由、いっぱいあるんですね。寿命が尽きるまで無事にいた弁護士なんてあまりいないんじゃないかってくらい、今の時代捕まるんですね。まず預かり金はしない。うちの事務所はまずないので心配ないのだけど、弁護士でね、預かり金をちょろまかして、捕まるのが一番多いね。それから内紛事件・解任事件・経営権を争う事件、これはやっぱり危なくってですね、A弁護士が捕まったのもこれですね。それから、B弁護士が捕まったのもこれです。M&Aで両方から報

酬を取ったので懲戒ですね。それから、チョンボとか、控訴し忘れ
とか。手続のし忘れとか。これ、判例で一番多い類型ですね。それ
から異性関係、セクハラ、パワハラ。これ、有名弁護士が失脚する
第1位の理由かもしれないですね。

4 間違ったかもしれないとき、どうするか？

●RESUME・Ⅳ-4

- すぐ先輩の弁護士に相談。
- リカバリーをする。
- 顧客に謝罪する（大手事務所の中には、絶対謝罪するなと指導する事務所もある）。

　それから4番目、「間違ったかもしれないときどうするか」。これ
はすぐ先輩の弁護士に泣きついてください。で、リカバリーをしま
しょう。ちゃんとやろうと。お客さんに謝罪もする。困ったときは、
すぐ相談してください、っていう話でございます。

5 憂鬱な事件を抱えてしまったらどうするか？

●RESUME・Ⅳ-5

- 弁護士誰もが、1件か2件くらいは気の重い事件を抱えているもの。
  勝訴の見込みがないとか、お客とうまくいっていないとか、安請け負いしちゃったとか、ちょっと間違えたみたいだとか。

　それから5番目、「憂鬱な事件を抱えてしまったらどうするか」。
若いころは弁護士誰もが1件や2件くらい、気の重い事件ってある
んですよ。なんかうまくいかないなとか、なんか負けそうだなとか、
お客さんとうまくいかないとか。いろんな理由があってね、イヤな
事件だなー、っていうのが絶対にあります。僕もね、弁護士になっ
て7、8年目くらいまではね、なんかうっとうしい事件がずっとあ
りましたね。そういうのは、すぐ他の先輩と組んで一緒にやっても
らうようにするのが一番いいです。精神的に、ああイヤだなって
思ってる事件は、知恵なんて出ないし、元気も出ないし、すごくス
トレスなんですよ。でもね、先輩に相談したらね、ああ、これこう
すればいいよとか、言ってくれる。なので困ったらね、中村のとこ
にきていただければ、やってあげますので、ということです。

6　ストレスをためないためにどうすればいいか？

●RESUME・Ⅳ-6

- 気が重い事件は、後回しせずに、正面突破。
- 対顧客では、正直でいること。
- 正義に反する仕事はしないこと。

　それから「ストレスをためないためにはどうすればいいか」。大事件で勝ったらしっかり喜ぼうということ。あとは、毎日のスケジュールとか中長期的なスケジュールを自分で管理するということ。何の仕事する、この時間にこれをするとか、中長期的にどうしたい、自分はこういうキャリアを積みたい、こういう弁護士になりたい、とか、そういう自分の人生を自分で決めるっていうのが、幸せの源泉ですね。最近は心理学の本にも、こういう調査結果が出ています。自己決定権っていうのが幸せの源泉、っていうのは心理学的にも正しいらしいです。

　それからうちの事務所の場合には書類作成業的な、神経を減らす仕事と、紛争系の勝ち負けがある仕事と、両方あって、なかなかほどよい割合があるので、たぶん両方やってると、いろいろメリハリがあっていいんではないかな、と思いますね。

　それから、気が重い事件は後回しにしないで正面突破、というのがありますね。僕も昔、若いころに気が重いなーってときに、ついついあとに回したくなるんだけども、よし、行くぞ、ってドンと正面突破するとね、みんな吹っ飛んじゃうんだね。こういうのってイヤだなーと思って逃げるとね、犬と一緒で追いかけて来るんです。なので、気が重い事件は後回しにしない。そしてお客さんには正直でいること、あとは正義に反する仕事はしない、ということでね。

第 V 講

自分の方向性

1 専門領域

●RESUME・Ｖ-1

> - 当事務所は、訴訟と会社法が専門であるが、その中でも分野は人により微妙に違う。
>   どういう仕事が好きか、考える。大体５年くらいのうちに。
> - 留学をするかどうかは、本人次第。留学中も１年目は学費・生活費を補助する。
>   今は、留学に行ったというだけで売りになる時代ではない。そこで何を勉強してくるかといったことが重要。その間、日本国内の顧客と断絶してしまうデメリットもある。きちんといつ・どこで・何をするか考えて決める。

　はい、次は自分の方向性という、これは長期的なお話になります。まず１番、専門領域ということで、うちの場合には訴訟と会社法と言ってるんだけれども、その中でもみんな分野は微妙に違うんですね。誰かと同じっていうふうにやってても、芽が出ないんじゃないかって思ってですね、必ずみんな自分の個性を考えるわけであります。まぁ多分５年くらいのうちになにかあっちに行きたいなーとかいうのが見えてくるといいんじゃないかな、と思います。２つ目の●、留学するかどうかは本人次第。自分で行きたいと思ったら行っていただけばよくて、留学中も１年目は事務所から学費と生活費に足りる程度に補助します。２年目は大体ローファームに行くのでそこから給料はもらえる、ということですね。

　今は留学に行った、というだけで売りになる時代じゃないので、

何を勉強してくるかとか、いつ行くかとかいろいろ考えてタイミングとか好きに考えてください、と、いうことであります。

2　超長期のスケジュール感

●RESUME・V-2

- いつまでに一人前になるか？
  5年くらいで、一応一人前になる。方向性を決める。
- 10年目くらいまでに、良い腕を磨く。
  スポットで上場会社の相談もぽちぽち来るようになる。
  事務所の先輩の顧客はしっかり信頼を得ている。
- 10年目以上になったら、花が咲く。

2番に超長期のスケジュール感ということですが、先ほども一人前ってどんな感じなのって話も出ましたけども、いつまでに一人前になるかってことですね。5年くらいで一応1人で仕事ができて、方向性もなんとなく決まるといいなと思っています。で、10年目くらいまでに、良い腕を磨いておくと。そうすると上場会社の相談もぽちぽち来るようになって、事務所の先輩についてるお客さんも、しっかり自分のところにきてくれるようになる。そうしてると10年目以上になると、パッと花が咲くと、というね。そんな感じでいるといいかな、というふうに思っているんですね。

3 日頃の研鑽

(1) 法律関係
  - 法律雑誌のチェック
    判例時報、判例タイムズ、旬刊商事法務、金融商事判例、金融法務事情、資料版商事法務、重要判例解説、私法判例リマークス、最高裁判例解説など
  - 判例時報の最高裁破棄判決例解説
  - 法律時報の新刊文献目録・判例目録、法律時報の学界展望など
(2) 法律以外
  - 英語
  - 簿記（勘定科目の仕訳の考え方や、損益法・財産法などが分かっていればいい）
  - 会計／監査（会計のルール体系、監査のルール体系などは勉強すべし）
  - 法制（これはとっても重要。法文は、日本語として読んではいけない。特別のルールのある言語。プロの法律家の証。これができる弁護士は数少ない。）
  - ローエコなど経済関係
  - 統計学／オプション価値算定方法／イベントスタディ
  - 経営学／ガバナンス／組織論
  - 心理学関係
  - 税法、登記法
    但し、当事務所は、自ら税法の相談を本格的に受けてはいない。他の税理士・会計士と組む。税務業務のリスク構造と弁護

> 士のリスク構造は異なっており、同居すると、リスクの拡散に
> なるだけだから。
> ● 現代思想・哲学（記号論、分析哲学など）
> ● その他新しい知見

　次に日頃の研鑽、という方にいきます。そういうために日頃こんなことをやっておくといいということ。さっき調査のところでも少し話に出ましたけどね。

(1) 法律関係

　まず法律関係では、法律雑誌のチェックはちゃんとしようと。僕も昔は判例時報と判例タイムズをとってまして、あそこに載ってる判例を読む、ってことをやってたんですね。読むといっても全文でなくてね、サマリーを読んで、面白いと思ったやつの全文を読むということをやる。でも、自分で個人で判例時報をとっていると、ここに積んであるからなんとなく読むのは後回しになっていく。「ま、いつでもいいや、来週でもいいや」みたいになってくる。それじゃまずいと思って、ある日、弁護士5年目くらいだったかな。これは届いたら捨てようと決めました。判例時報を捨てると。すると捨てる前にもったいないから読むんですよ。それを5年くらいやって、読むってことを習慣づけましたね。それから、2つ目の●にある「最高裁破棄判決例解説」ですが、たしか年にいっぺん、判例時報で特集を組んでるんですね。みなさんも見たことがあると思いますけど。昔は、訴訟弁護士というのは、最高裁に行って上告理由を書いてる奴っていうのは負けてる奴だから、あいつは腕が悪い。上告理由だとか、憲法だとか、そんなのやってる奴はバカだって言っていたんですけども、最近、21世紀になってから、会社法とか金商

法の世界は、最高裁で結論が逆転する事件がいっぱいあるんです。今、僕らも上告事件をいっぱいやってますけども、どういう理由で最高裁が破棄するのか、とか、上告理由とかね、或いは理由の齟齬ってなんだとか、結構重要なので、ザッと眺めるくらいでいいのでね、見ておくといいと思います。

　それから、先ほどの法律時報、毎月見ておくといいといった文献月報がありましたけども（第Ⅱ講7(1)）、毎年いっぺんね、学会回顧と判例回顧っていうのも出ます。これぐらい読んでおかないとダメですね。今年1年間にこんなの出たというのが書いてあるので、これくらいはちょっと時間かかるけども、読んだほうがいいです。

　ちなみに言うとね、そういう年にいっぺん特集で出るっていうやつがいろいろあってね。例えば、旬刊商事法務でもね、毎年、重要判例っていう特集を組みます。それ以外にも判例解説も出るし、いろいろ出ます。自分が知らない新しい会社法の判例なんかあったら仕事で恥をかきますから、見ておくといいです。

(2)　法律以外

　それから、法律以外。これはもう好きにやってもらっていいんですけど、英語はやりたかったらやってちょうだい。それから簿記って書いてあって、簿記は、知っておいたほうがいいです。勘定科目の仕訳の考え方は、読めばすぐ分かるんだけども、知らないと始まらない。それ以外にも会計に関しては、資産評価の方法とかの個別の会計処理の論点もあれば、損益法とか財産法とか体系的な話、後発事象とか会社法にも関わる話など、そういうようなことはやっておいたほうがいい。いまどき、M&Aをやるにしても、倒産法をやるにしても、金融関係をやるにしてもね、勘定科目の発想や会計の知識がないとダメなので、これは、やっといてください。簡単です

よ。簿記の教科書1冊買ってきたら、1日で読めると思いますので
ね。

　監査関係もですね、これは今は、相談が非常に多い。会計士から
も相談が来るし、監査役からも来るし、色んな事件があるので、特
に不祥事絡みってみんなこれが関係してくるんです。だからこれは
勉強してほしい。第三者委員会でも必要。但し監査周りは難しいの
で、第2ステップ、簿記と会計のあとでいいのではないかと思いま
す。

　それから、ぜひ勉強してほしいのが4つ目の●の法制ですね。こ
れはとっても重要で、会社法にしろ金商法にしろ、あそこに出てく
る言葉って、みんな日本語だって思ってますけど、日本語じゃない
んですよね。日本語の文法とは違う、意味合いも違ってまして、あ
れは法律用語を法律用の文章で作ってる、そういう、ルールのある
言語、というよりは、記号なんですね。この法制の実務のことを知
らないと、日本語として読んじゃうんですね。それは素人の読み方
です。法制の素養があるかどうかは、とても重要で是非勉強してほ
しいと思いますね。「法制執務」という言葉がタイトルに入ってい
る本が何冊かありますから、全部買ってきて読む。『法令用語辞典』
くらいは個人で持つ。

　それから、ローエコ関係も経済関係もおいおい知らなきゃ恥ずか
しいので、勉強しておく。ローエコでいうとシカゴ学派のほうはミ
ルトン・フリードマンですよね。で、その反対側だとスティグリッ
ツ。法と経済学に関する書籍もいくつか出てますから、目を通して
おく。大きな学問領域でもないから、それほど時間はかからない。
まぁ、事務所の書庫にありますので、これくらいは覚えていただき
たいと思います。

　6つ目の●は統計学。統計学は今ではこれ、絶対ないと始まらな

いですね。オプション価値の算定とか、イベントスタディとか書いてありますけど、統計学は今、会社法にとって切っても切れない関係になっちゃいました。何故かっていうと、商法が会社法になったから、という、そういう分かりやすい理由で、昔商法だった時代というのは、商法っていうのは民法の特別法だったので、民法の理念でやってたんですね。民法の理念っていうのは公平。公平っていうと非常に抽象的で主観的な価値観なので、公平なのかどうか誰も評価できない、という時代だったんだけども、今の会社法っていうのは、企業価値の最大化とか、株主価値の最大化とか、簡単にいうと、一番儲けるのが法律の目的、ということになったので、それが目的だとすると、どれが一番富が増えたか、ということを計算してその評価ができちゃうという、そういう時代になっちゃったのですね。そういうこともあって、この統計学の考え方くらいは知らないと、困るわけでございます。

　最近は取締役会の資料なんか見てもですね、統計学の手法がいっぱい使われてます。例えばＡ社で今度どこの鉱山に投資しようということになると、モンテカルロシミュレーションでこういうことやって現在価値がいくらみたいなことを計算してますね。これはそんなに難しくないです、統計学の本で、正規分布の話を読めば、あとは簡単だと思うな。ブラックショールズなんてぱっと式を見れば、意味が分かりますね。

　あとは経営学とか、心理学とか、ま、これは好きにやってちょうだい、ということでございます。

4 若手弁護士の目標は何か？

> ● 「腕の良い弁護士に早くなること」

4番目は、「若手弁護士の目標は何か？」って、腕のいい弁護士になってね、ということでございます。お客さんとお金はその後に付いて来る。何より腕が良ければどこでも生きていけますし、人生が楽しい。面白い事件もたくさん来る。弁護士になって、法律事務所に入る、役所や企業に入る、研究者になる、いろいろな環境があると思うけど、腕が良ければどこにいても必ず誰かから見いだされます。みんな見てるんだ。

第Ⅵ講

事務所の運営に関する事項

1 法律事務所の性格、特徴

●RESUME・Ⅵ-1

◇　法律事務所の運営形態
　　① 個人事務所
　　② 個人＋アソシエイト事務所
　　③ 経費分担型共同事務所
　　④ 経費・収入共有型共同事務所
　　⑤ オーナー型共同事務所
　　⑥ 大規模事務所

　法律事務所の運営形態は、いくつかあります。①個人事務所、②個人＋アソシエイト事務所、③経費分担型共同事務所、④経費・収入共有型共同事務所、⑤オーナー型共同事務所、⑥大規模事務所などです。

　法律事務所経営の基本的な性格を述べておくと、まず経費構造が独特で、経費の大半が固定費なんですね。家賃、事務員などの人件費、それから造作などの減価償却が経費の大半で、いずれも固定費です。それ以外のリース料やデータベースの使用料なども固定費です。総経費の95％以上かもしれない。だから損益分岐点は相当高い。また造作などの減価償却費は事務所の内装分くらいであまり多くないので、概ね営業損益と営業キャッシュフローが一致します。もし損益が赤字になれば、キャッシュフロー上もほぼ同時に赤字になっちゃいます。これが法律事務所のいいところでもあり、大きな弱点でもあります。昔から、顧問料などの固定収入で固定費用をま

かなえれば、事務所は倒産するリスクはないといわれていますね。だけど、たくさんのアソシエイトを抱える大きな事務所は経費率が高く、売上が落ちて経費を下回れば、直ちにキャッシュフローがマイナスになって資金繰りの危機に陥ります。バブル崩壊後とか、リーマンショックのときなど、ヒヤッとした事務所があるそうです。アソシエイトの給料を歩合制にして変動費用にするところもありますが、それはそういう理由からですね。

　法律事務所は基本的に個人の集まりですから、みなさん無限責任です。事務所は民法上の組合であることが多いと思いますが、外部債務は連帯責任になっちゃうことが多いと思います。そうすると、事務所のキャッシュフローが赤字になれば、事業主（パートナー）が個人的に補填することになります。弁護士法人となっても、社員である弁護士は原則無限責任ですから事情は変わらないです。また誰かが弁護過誤をしてしまうと、他の構成員も責任を負う可能性がありますね。責任の面でいうと、人がたくさん集まれば集まるほど、損害賠償リスクを全員に拡散してしまうというわけです。アソシエイトが弁護過誤を起こすことを心配する事務所は、アソシエイトに勝手に個人事件を受任させないところもありますね。若手の成長と自分たちのリスクとどちらを優先するかということで、小心者だなぁなんていう気もしますけど。

　財務的には、単年度ごとに収益をすべて分配してしまう事務所の場合、分配直後は財務的にはスッカラカンになっちゃいます（完全分配）。会計上の自己資本はもとより、現金残高もゼロになっちゃいます。小さな事務所なら、もしキャッシュフローが詰まれば、自分たちで資金を出しますから、完全分配してしまっても構わんですよね。しかし大きな組織になったときには、そうはいかない。お金が足りなくなったからといって、全パートナーが同じ金額を即座に

事務所に拠出できるかというと、そうはいかない。きっと大揉めになっちゃいます。そんな金はないとか、全員同じ金額は不公平だとか、不平不満が聞こえるようです（笑）。かといって、事務員をたくさん雇っているし、事務所の賃料もあるので、事務所の永続性を考えて完全分配はせずに、一定の金額を資本金的に留保するとか、何か対策を考えないといけないですね。こういうことを考えると、会社法が資本・利益準備金の制度を作っている理由が実感されます（笑）。

　人事組織の上では、法律事務所は法人ではないから、縦の指揮命令系統が必須なわけではありません。ただ大規模な事務所になって、事務所としての経営判断とか、意思決定などを多くするようになると、だんだん意思を1つに統一する仕組みが必要になってきますね。他方、全員横並びの組織も可能です。中小規模の事務所では、人事異動や人事評価なんてありません。大規模事務所になると、例えばアソシエイトをどの部門に配置するかとか、パートナーにするかとか、いろいろ決めないといけないので、その人事の公平のために、人事評価制度を作らないといけなくなる。その結果、人事を含め管理業務が増大していくわけです。そこで管理業務専従のパートナーを置く事務所もありますね。弁護士は労働者ではないから終身雇用制や年功序列型賃金などの制度はないし、入退所もかなり柔軟で流動性が高いですね。リーマンショックが起きればすぐクビになるし、勝手に転職していく人も多い。

　会社法分野に限っていうと、需要者は概ね上場会社ですから、市場規模の総額は上場会社数で決まっちゃいます。隣接分野も入れると、ファイナンスや倒産事案のように、需要の波が大きい分野があるのも特徴です。その上、各種法令上の届出業務みたいに法律によって生み出された業務があって、これらは法律が変わればなく

なってしまいます。そういえば昔は外債発行手続なんていう仕事が
ありましたね。今はもうない。他方で、経済社会の変動は大きいか
ら、次々新しい法律業務が生まれています。ポーターの「競争の戦
略」的にいえば、需要のマップが頻繁に変わる業種でして、若手に
もチャンスが巡って来るわけです。もう1つ特徴をいうと、弁護士
業務は、依頼者同士の利益相反が生じることはしばしばあります。
特に会社法の世界はそうです。これが仕事をするときに、受任の制
約になっています。

　結局、法律事務所は、個人事業主の形態が基本でして、共同化し
ても個人の集まりに過ぎない面が多いわけです。組織の機関設計に
しても、財務的な面にしても、法律は何も定めていないから、各事
務所が自分たちのアイデアで必要な手当てを行うほかないというこ
とで、原始的な企業体なんですね。

2　法律事務所の経営形態

　さて、これらの基本的な性格を踏まえ、各形態の事務所の特徴に
ついて考えてみましょう。

(1)　個人事務所

　①の個人事務所は、全部自己責任です。個人のお財布と事務所の
お財布は同じです。それが一番の特徴。その間にコンフリクトは起
きないんですね。赤字になれば自分で補填するだけです。経費の帰
属や分配の仕方なんか考えなくていいから、とってもシンプル。楽
ちんです。人と一緒に仕事をすることが嫌いな人にはこのタイプの
事務所が最適。しかし依頼者の中には、専門的なノウハウを期待す
る人もいれば、一般的な法律知識を期待する人もいますよね。個人

事務所の場合には、完全に専門化してしまうと（つまり専門分野以外は受任しない形態）、一般的な法律知識を期待する依頼者は受けにくくなっちゃいますから、専門化はしにくい。結局何でもやる町のお医者さん的になります。このタイプは、すべてを自分1人で対応するので仕事量の平準化は難しいときもあります。そういうときは、別の事務所に依頼して一緒にやってもらったりする、連携事務所があることが多いですね。また、誰かと合議したり情報交換しながら仕事を進めることができないので、情報が偏っちゃう可能性があるし、やり方も自己流になりがちです。個人事務所の場合若い人は、なるべくいろいろな仕事の仕方を勉強した方がいいし、多様な情報が入るように工夫した方がいいということになりますね。そして多人数の弁護士を要する大きな事件を受任するときは、他の事務所の弁護士と共同して受任するか、或いは依頼を断っちゃうことになります。これが個人事務所の弱いところ。大きな事件をしたいのであれば、相応の規模の事務所でないといけない。一方で経営的に見ると、一見、1人の弁護士のために事務スペースや会議室、書庫などを揃えるのは非効率に見えるかもしれないけれど、実は、1人だと執務室と会議室を一体化したり、書棚をその部屋の壁に配置したりして結構効率的なんですね。事務所のレイアウトで導線も必要ないし、使用頻度の低い会議室を作る必要もない。そしてこのタイプの事務所の一番いいところは、もちろん人間関係などの問題が生じないところです。我が道を行きたい弁護士にはいいですね。

(2) 個人＋アソシエイト事務所

②の個人＋アソシエイト事務所は、個人事務所がアソシエイトを雇用したタイプです。この場合、アソシエイトが弁護士としての経験を積んでも共同経営者とはならないのが通例ですね。一人前の弁

護士が２人になると、事務所スペースが足りなくなる。かといって、大きくする気はないから、ある程度年数が経ったアソシエイトは独立していくわけです。ボス弁は、アソシエイトの給与や経費の負担範囲、個人への依頼の受任の可否など、自由に決めることができます。このタイプも、組織としての種々の問題は起きないし、財務的なコンフリクトも起きないですね。事件の受任に当たって、弁護士間のコンフリクトも起きにくいでしょう。文句があれば、アソシエイトが事務所を辞めていくだけです。但し、独立前提なので、アソシエイトが独立していく際に顧客を連れて行っていいかという問題が常にある。昔の弁護士には、ボス弁の顧客をアソシエイトが独立するときに連れて行っちゃうのはタブーだ、という意識がありました。今はどうかな。弁護士を決めるのは顧客の側だ、という意識も強いのかな。まあ、狭量な者同士だと喧嘩が起きやすいタイプの事務所かもしれません。

(3)　経費分担型共同事務所

　③の経費分担型共同事務所は、複数の弁護士が共同して事務所を設置して、経費の分担だけをする事務所ですね。多くの場合、事務所維持費用を頭割りして各自が負担します。仕事は各弁護士が独自に受任し、報酬は各自の弁護士に入る。これはある意味非常に公平です。それぞれが頭割りした経費を負担し、収入は各弁護士の力量次第ということですからね。この利点は、経費を分担しますから、若手の弁護士が独立する当初などは、経費負担を緩和することができる点ですね。それに１人きりの事務所というのは、とっても心細いかもしれないので、人がいるということで安心できるかな。他方、問題も大きくて長続きしないタイプでもある。この仕組みが公平でいられるのは、概ね同じ程度の力量、収入である場合だけなんです

ね。例えば3人の共同事務所で、誰か1人が売上がとても大きくなれば、事務所の会議室、事務員などのインフラの使用率もその弁護士が高くなってきます。その状態が続けば、他の2人は自分たちの使用に見合わない経費を負担していると感じ始めるわけです。また、1人の弁護士がM&Aなど多くのアソシエイトを使用するタイプの仕事を受任するようになると、他の弁護士との関係でそのアソシエイトの費用の負担も不公平になります。多くのアソシエイトを雇用した場合の赤字リスクの負担も同様ですよね。弥縫策としては、アソシエイトを採用したければ、各自が自己負担で採用して、アソシエイトとの関係もそれぞれ勝手に取り決めるというパターンもありますけど、そううまくはいかない。結局、みなさん不平不満状態になることが多く、1人でやっていける自信がつくと、喧嘩別れして解体しちゃうわけね。力量的にも売上的にも、長期にわたって対等という関係が続くことは、現実にありえんからね。さらにいうと、こういう事務所は同期の弁護士とか、概ね対等な関係の弁護士が集まっていることが多いので、事務所経営に関して意見が分かれて調整が困難となると収拾がつかなくなる。しかも通常、仕事は個人戦で一緒にしないので、相互に仕事の上で助け合う関係でないことが多いので、そういう部分でのメリットはないかな。

⑷　経費・収入共有型共同事務所

④の経費・収入共有型共同事務所は、いわゆるパートナー型の事務所ですね。うちの事務所はこのタイプです。各弁護士の収入は事務所の財布にすべて入れ、経費はそこから分担します。経費の分担は、頭割りとするなら実質③と同じことになっちゃいますが、そうではなくて、例えばうちの事務所は、売上高比率で負担する方法にしてますね。事務所の経費率を出して、売上高にその比率をかけた

金額を各パートナーが負担する。たくさん稼ぐパートナーがたくさん負担するので、若いパートナーは売上が少なくても赤字になったりはしない。仕事は共同して受任するし、事務所全体の収入が向上して発展すれば、全員の共通の利益となります。つまり永続することを前提に事務所の設計をしているわけですね。そのため1つの組織体として経営もします。経営のビジョン、方向性といったものも決めていくことになります。①から③は個人かその集まりに過ぎないけれど、④になると1つの組織となってくるわけです。パートナーの追加も行われるし、アソシエイトが成長すればそのままパートナーとなっていくことも可能です。むしろ定着することを前提にしているので、若手の教育に力を入れるし、アソシエイトの顧客獲得も支援するし、若いパートナーも食い詰めない仕組みにしているわけ。最終的にはみんな事務所全体の利益になるよね、という発想です。そこで所属する各人がそれぞれ専門化して相互に補完する、つまり全体で望ましいリーガルサービス提供体制を構築するという発想もとることができる。人数が多いので大規模事件の受任もできる。そういうわけで、収入まで共通化して、経費の分担も合理的にすることで、一体的な組織として多くのメリットが生じるということですね。

　デメリットも言っときましょう。事務所という組織が生じることで、自己と事務所の分化が生じます。これが問題。まず財布が、弁護士個人の財布と事務所の財布という2つに分かれます。そうすると、収入に関しては、どの収入を事務所の財布に入れ、どの収入は個人の財布に入れるのかという線引きが必要になる。弁護士業務にかかる収入を事務所に入れるという例が多いと思うけど、執筆・講演や社外役員としての収入なども入れる場合がある。経費に関しては、家賃、人件費などの事務所維持費用は事務所持ちが当然だけど、

各種団体での活動費や、営業経費、研修にかかる費用など、どこまでを事務所の財布で負担し、どこからを個人の財布で負担するのか問題になります。だいたい共同事務所が喧嘩して分裂するときは、この経費や収入の帰属の問題ですね。ズルしたりするからケンカになる。もちろん事務所が各個人の資産を検査したりしないから、収入をこっそり隠して事務所に入れなかったり、逆に余計な費用を事務所に付けていたりなどということが起きるリスクがある。しょうもないですよね。一番いいのは、事務所運営に必要な経費以外は、各個人の負担とすることですね。それ以外の費用を事務所に負担させようなどと考える輩が出てくると、事務所の利益より自分個人の利益を優先し始めた徴候でして、だいたい志が低下している証拠です。これが事務所設計上、とても重要な点で、弁護士から見て自分と事務所が分化すると、自身の損益と事務所の損益がコンフリクトを起こすことがあるということ。①から③のように財布が１つの場合には、儲かるのも損するのも自分であるから、自分の問題として収入や経費を考える。しかし分化すると、「事務所に付けとけばいい」などと発想する者が出てくる。この事務所という存在と自分という存在が分化する現象は、心理的にも客観的にも大きな違いを生みます。例えば個人事務所なら「事務所を退所する」などということはあり得ないけど、④の共同事務所ならあり得るわけだし。

(5) オーナー型共同事務所

⑤のオーナー型共同事務所は、共同事務所だけど、オーナー的な経営者弁護士がいて、収入の配分方法においてその者が優位な立場にあったり、或いは事務所経営上の決定権限を有していたりする場合ですね。④の場合には、各パートナー弁護士が対等な関係にありますが、⑤になると、そのオーナー弁護士に依存している関係であ

りまして、他のパートナー弁護士は被用者的な立場になっちゃいます。こういう体制になると、パートナー弁護士も一体何のために働いているんだろうという気持ちになってそのインセンティブに影響が出ますね。簡単に言えば、「自分の事務所だ」という意識が薄くなるわけです。その事務所が自分の事務所ではなく、他人の事務所であると認識すれば、独立しようかなと思うだろうし、そう思う人が多くなると、組織ではなくなるし、永続性もなくなります。結局、このタイプの事務所は独立しても生活していける優秀な弁護士ほど、独立していくということになります。

(6)　大規模事務所
⑥の大規模事務所は、弁護士数が数百名に及ぶ事務所ですね。事務員数も多いし、経費の額も大きくなる。多くのアソシエイトが在籍する。大規模事務所になると、コスト構造の問題もあり（安価な労働力が必要だから新人が必要）、或いは事務所のステイタスの問題もあり（トップ・ファームの地位にいたい）、新人弁護士を大量に採用することになります。そのため全員をパートナーに昇格させることは困難になります。もしそうすれば弁護士数が限りなく拡大してしまうので。そこで人数を減らす工夫も必要になります。例えば定年制とかね。つまり単純再生産を維持するため、弁護士の退出のルールが必要になるということですね。ここまで来ると、なんだか自分で自分の首を絞める施策を作り始めるわけで、そこにいる個々の弁護士のためではなく、「○○法律事務所」という抽象的な法人（のようなもの）が存続することを目的にし始めてる感じも出てくる。また組織的に見ると、大きな組織だから、取り扱う法律分野やパートナー系列でいくつかの組織分けをしていくほかない。そこで人事を公平に取り扱うため、アソシエイトに対する人事評価も行われる

ようになります。そしてそれはアソシエイトの行動規範になってい
く。これがとっても重要なターニング・ポイント。個人の弁護士は、
お客さんに喜んでもらえば自分も嬉しいし、次もまた依頼が来ると
思える。だけど人事評価基準を作ると、アソシエイト弁護士はそれ
に基づいて好成績を残すことが仕事になる。例えばチャージをたく
さん付けることを要求されれば、なんとしてでもたくさん時間を
使ってたくさん請求しようとするようになってくる。それはお客さ
んにとっては悲しいことですね。だから人事評価をするときは、そ
の基準にはとても気を配らないといけないですね。さらにここまで
大きな組織になると、事務所としての活動も多くなるから、意思決
定機能や指揮命令機能などの機関設計を整備する必要がありますね。
しかも「大きな集団」ですから、暗黙のルールではダメで、明文化
されたルールが必要になります。これが大きな集団と小さな集団の
違い。僕なんかはこれが面倒で仕方ない。それにさっき述べたよう
に財務的な対策も必要です。支払い能力の維持も必要だし、大量の
アソシエイトが存在するため損益分岐点が高いので、売上やキャッ
シュフローの管理が必要です。つまり、資金繰りで破綻する恐怖が
生じる。この「破綻する恐怖」が弁護士の行動を歪めてしまう危険
性もありますね。また、弁護士数が多い分だけ、仕事の受任上のコ
ンフリクトの対応も重要になります。万一弁護過誤などが生じた場
合には、責任を多くの弁護士に拡散させかねないし。人材の採用、
育成などにも配慮しないといけない。有力な人材が出てこないと、
顧客の維持ができないし、事務所に対する評価も維持できない。永
続的な組織とすることに独自の工夫と努力が必要になりますね。

　一方、いかなる大規模な事件でもこなせるし、相当ニッチな専門
分野の専門家も抱えることができるから、リーガル・サービスの提
供においては十分な体制を構築することができます。これは日本の

弁護士業界にとって、とても重要なこと。たくさんの人数で多くの情報を集めたり、ノウハウを蓄積したりすることもできるので、リーガル・サービスの水準は高いものを維持できます。このあたりが大規模事務所のメリット。

3　良い事務所を作るには

　今は、弁護士として新しく事務所を開設する人が多いと思う。どうすれば良い事務所を作ることができるか。それは自分が作りたい事務所を明確にイメージすることです。自分のやりたい分野ができる事務所を作りたいとか、自分の利害と事務所の利害が一致するような事務所を作りたいとか、大きな事件を受任できる事務所にしたいとか、或いは日本一の事務所を作りたいとか、自分で一から十まで仕事をしたいとか、いろいろな視点があるでしょう。

　2で述べたとおり、個人事務所と共同事務所の違いの1つは、自分と事務所の財布が違ってくることです。共同事務所になれば、利点もあるが、パートナー間の不一致が生じるリスクもある。さらに大規模事務所になると、組織と個人も大きく分化する。組織自体が自己存続を図るようになるだろうし、顧客との関係、アソシエイトとの関係、他のパートナーとの関係など、多くのコンフリクトも生じます。分かりやすく言えば、大きくなればなるほど、いろいろな利害の不一致やインセンティブのねじれが生じるし、リスクも高まるわけですね。それを超えるメリットを望むかどうかだということ。

　しかしいずれにしても重要なのは、「今いる場所から出ていくこと」が事務所を開設する目的になってはいけない。それが一番重要なポイント。今いる事務所を辞めたい、人間関係が問題だ、金銭的に問題だ、ケンカをした、などという動機で新しい事務所を作ると、

それはきっと失敗します。何故なら、出て行くことが目的であると、出て行けばそれで目的達成です。その後、目指すものがなくなっちゃいます。その瞬間、方向性のない状況になってしまう。それでは同じことを繰り返してしまうでしょう。だから、出て行くことが目的なのではなく、こういう事務所を作りたい、という到達目標を掲げなければいけない。それが一番大切です。

4 事務所の運営

●RESUME・Ⅵ-2

- 事務所会議
  →重要事項は事務所会議で決める。全員 1 票。
- パートナー会議
  →パートナーに専属する事項はパートナー会議で決める。
  例：アソシエイトのパートナー昇格など

　では、事務所の運営の知識ですね。この先は、うちの事務所固有の話です。まず事務所の運営は事務所会議でやってます。重要事項は全部事務所会議で決めてるっていう、全員 1 票です。それはうちの場合には、アソシエイトも事務所の経営者の一員だという理解に立っているからです。基本的にはアソシエイトにはそのままパートナーになってほしいし、それができる範囲でしか採用もしていません。しかも完全にイコール・パートナーの制度なので、全員 1 人 1 票です。そうでないと、自分の事務所という気持ちが湧かないでしょ。パートナー会議もたまにやるんですけど、これはパートナーに専属する事項だけ。例えば、誰かアソシエイトをパートナーにし

ようね、とか、そういう場合です。但し、ちっちゃい事務所なので、事務所会議にかけなきゃいけない事項ってとても少ない。新人の採用とか、事務員の待遇関係とかです。月に一度事務所会議の予定を入れていますが、議題がなくて時々キャンセルになってます。

5 アソシエイトの個人事件

●RESUME・Ⅵ-3

- 個人事件の受任は自由にできる。
- 報酬は全額自分で受け取っていい。事務所からの報酬とは別。請求の仕方は、自分の名義で請求し自分の口座に送金してもらう方法と、事務所の先輩の弁護士名で請求し、事務所に入金後、年末分配時に分配してもらう方法。
  個人事件についても、事務所のインフラは使用していい。費用はタダ。
  →基本的には将来パートナーになってもらうつもりでいるので、将来に備えて自分の顧客を集めていただくのは良いことだから。
- 若いときにはおかしな依頼者に要注意。
  例：事件屋、名義貸し業者、反社系など
- アソシエイトが大事件を釣ってしまったときは、事務所の先輩弁護士と共同していい。報酬の分配は協議する。

　5番目、アソシエイトの個人事件。うちの場合は個人事件はもう自由にやっていただいて結構でして、報酬は全額自分で受け取ってもらって結構です。事務所からの報酬を差っ引くなんてこともあり

ませんので、別にもらっていただいて結構です。請求の仕方は普通
だったら自分の名義で自分で請求して、自分の口座に送金しても
らって構わないし、事務所の他の弁護士と組んで、事務所の名前で
請求がしたいという場合には事務所に入金しちゃいますけども、そ
れは年末の終わったときに分配してもらうってことで結構です。個
人事件についても、事務所のインフラは自由に使用していただいて
結構で、費用を払えなんてことは言いません。

　「なんでそんな優遇されるの？」ってことですが、基本的にはう
ちの場合には将来パートナーになってもらうだろうなと思っている
ので、将来に備えて、自分のお客さんというのをちゃんと集めてい
ただいたら結構でしょうということです。

　但し、若いときにはおかしな依頼者には注意してね、というのは、
第Ⅱ講2(1)でお話ししたとおりです。

　ちなみに、アソシエイトが大事件を釣っちゃう、ということが
あってですね、「あ、これ俺1人じゃ分かんない」っていうときに
は当然事務所の先輩と組んでいただいて結構でございまして、報酬
の分配はその先輩と勝手に協議してもらえば結構だと、ということ
です。

6　事務所の経費精算

●RESUME・Ⅵ-4

> ● タクシー代など、経費の精算は秘書、事務員へ。
> ● 図書は自由に事務所経費・事務所資産で購入してよい。

　6番が事務所の経費関係。これはタクシー代とかそういうものは、

秘書に相談して、精算してください。図書は自由に買っていただいて結構でして、事務所の費用で、事務所の書庫に置いといていただければ結構だということです。それ以外に何か費用について、事務所負担か個人負担か分からなければ、先輩の弁護士か事務局長に聞いてください。

7　事務所内の報酬の分配制度

●RESUME・Ⅵ-5

(i)　まず1件ごとの報酬額を、受任30%、実働70%に分ける。
　　　受任は、その仕事・顧客を取ってきた人に分配。実働をした人たちで、残り70%を分配。分配方法は、その都度又は1年で締めたときに協議する。

(ii)　パートナーは、全部の収入を事務所に入れる。
　　　弁護士報酬だけでなく、講演会、執筆、社外役員報酬などすべて。但し、家業の役員をしているとか、実家がアパート経営をしているとか、事務所に全く関係ない収入は除く。

(iii)　「経費の合計額÷総収入額」で、経費率を出す。

(iv)　分配後の各弁護士の売上金額にその経費率をかけ算して、各自の分担経費額を算出する。つまり収入の多寡に応じた比例配分。人頭税方式ではない。

(v)　どこまでが受任にあたるか？
　　→顧問先の仕事は、すべて顧問を取ってきた弁護士。

(vi)　アソシエイトにも同様に分配の金額は算定している。
　　　パートナーになってやっていけるかを見ている。

(vii)　多くの事務所が報酬の分配、経費の分担でケンカになって分

裂している。

→どうすればケンカにならないか？

(viii)　自分の働きは、過大に評価しがちである。何故なら自分の働きは自分が知っているが、他の弁護士がどれだけ時間をかけて働いたかは知らないから評価が低くなる。

　　　実働の分配で、「自分が60％で相方が40％だな」と思ったら、それはだいたい50：50位が良いところ。自分の評価を割り引く。

(ix)　報酬に寛容になること。

　　　報酬の分配は、ゲームの理論。中でも「繰り返しゲーム」。誰かが強欲になれば、全員が対抗上強欲にならざるを得なくなる。しかし、誰1人強欲にならないと、全員寛容になる。分配の結果は同じである。

　7番が、事務所内の報酬の分配制度ですけども、これは1件ごとに、事件報酬だったら事件報酬で、その事件を取ってきた人に30％、実働で働いた人に70％というふうにうちでは分けます。70％は複数の人でやった場合は、その複数の人で相談して、これA弁護士は何％、B弁護士は何％、とお互いに協議して決める。パートナーは全部の収入を事務所に入れる、ということになってまして、これは税務区分での弁護士報酬だけでなくて、講演料とか執筆料とか、社外役員報酬とか、基本的には弁護士に関わる感じの仕事はみんな入れようということに、今はなっています。数年前にこういうことにしたと思います。

　家業の会社の役員をやってるとか、実家がアパート経営をしてるとか、そういう弁護士業とは全然関係ないやつは、事務所は関係なしにやっていただいて結構だと、いうことでございます。

じゃあ経費の負担はどうするんだというと、そうやって全部入れた総収入額がなんぼで、総経費がなんぼとなると、経費率が出ます。その経費率で、25％なら25％、全員自分の個人の売上高に25％の経費率をかけて、その金額を負担する経費額として差っ引くということです。人頭税方式ではない。1人いくらみたいに決まるわけではなくて、売上高比例にしている、ということでありますね。

　これなんでそんなことやってるの？　ということですが、実はこの方式をとってる事務所はあんまり多くなくて、普通の共同事務所は5人パートナーがいたら5人で5等分に割って、みなさん経費分担事務所にすることが多い。でもうちの場合には、パートナーになって最初って、やっぱり売上が低くて大変だねと。でも年寄りになったら結構いくでしょと、そういう見通しがあって、こういうふうに経費率のかけ算でやれれば、若いころは経費の負担の実額が少なくて済むようにしています。年寄りが、稼いだ人が、払う。人生トータルで考えたら、昔先輩に世話になった分、今度は自分が後輩に返すみたいなものではないか、ということでございます。そういう単年度の公平性、というよりは、人生全体で考えたらこっちのほうがいいよねって、そういう発想でこういうスタイルになっております。

　5つ目の●、どこまでが受任にあたるか、ってところは本来は、顧問先の仕事は全部、その顧問を取ってきた弁護士にいきます。

　ちなみに、なんで30％なんだろう、っていうのが僕も分からなくてですね、昔森綜合にいたときに聞いたことがあるんだけども、なんのことはない、たいした理由はないそうで。なので、30％じゃおかしいね、って話になったら、もう見直したって構わないと思うんですけど、なかなか何の数字がいいのかってよく分かんないので、ほったらかしてあります。

ちなみにアソシエイトの分も、年にいっぺん、お金を分配するわけじゃないんだけども、数字は、この件でいくら働いたという計算は、やってます。それで何を見てるってわけではなくてですね、パートナー直前になってきたときに、「あ、こいつパートナーになっても飯食っていけるかな」ということを見てるっていうだけですね。

　ちなみにその下の矢印のところで、多くの事務所が報酬の分配でケンカになって分裂しているって書いてありますが、世の中の中堅事務所、大事務所が分裂するときには大体これでケンカになってますね。『日本のローファームの誕生と発展』（商事法務、2011 年）という大手事務所の歴史を書いてある本があって、あれを見てると、みんなよくケンカしてるんだなという感じです。

　あと、最後から 2 つ目の●、自分の働きは過大に評価しがちだと書いてあります。何故なら自分がどれだけ一生懸命働いたかっていうのは自分が知ってるから。でも他の弁護士がどれだけ時間をかけて働いたかって知らないですよね。分からない。だから「オレはこんなに働いた」って、ついつい思いたくなる。しかし実際のところは、実働の分配でオレが 60％働いて、あいつが 40％だな、と思ったら、それは 50：50 くらいがいいところだろうと自分で思っていると、ケンカになりません。

　最後の●に報酬に寛容であることってありますね。昔の森綜合は、全然報酬でケンカなんてしなかったんです。なんでかなって思ったら、年寄りがみんな寛容だったんですね。これが重要でね。誰かが強欲になると、対抗上、みんな強欲になってしまう。でも誰も強欲でないと、全員が寛容になる。でも、結局数字は同じところに落ちるんです。これはゲームの理論です。「繰り返しゲーム」です。ですから、まぁどうやったって、たかだか知れてますから寛容にとい

うことです。

8　パートナーになったら？

●RESUME・Ⅵ-6

◇　パートナーになるとどうなるか？
- 分配の仕方が変わる。それだけ。
- 世の中的には、一人前と評価されるだろう。
- パートナーにはどうすればなれるか？
　仕事の能力と生活力をみている。

◇　パートナーになるとどうなるか？

　さて、8番目、パートナーになるとなにが変わるか。分配の仕方がかわる、それだけ、というわけでございまして、事務所の運営に関する投票権は同じ1票ですのでね、変わらない。世の中的には一人前というふうに見てもらえるでしょうと。

　では、どうすればパートナーになれるか。うちの事務所だと、その人の仕事の能力と生活力を見ているんじゃないかなと、僕は思います。基準は特に決めてはいません。仕事の能力というのは、うちの事務所のパートナーといっても世の中に恥ずかしくないよねということ、生活力っていうのは、ちゃんと食っていけるかなという話です。そんなのは7、8年生になったら考えてください。

●著者紹介●

●中村　直人（なかむら　なおと）
　昭和 35 年 1 月　神奈川県生まれ
　昭和 57 年 10 月　司法試験合格
　昭和 58 年 3 月　一橋大学法学部卒業
　昭和 60 年 4 月　司法研修所修了
　同　第二東京弁護士会登録、森綜合法律事務所所属
　平成 10 年 4 月　日比谷パーク法律事務所開設、パートナー
　平成 15 年 2 月　中村直人法律事務所開設（現 中村・角田・松本法律事務所）
〈主な著書〉
　『訴訟の心得──円滑な進行のために』（中央経済社、2015 年）
　『会社訴訟ハンドブック』（編著、商事法務、2017 年）
　『コンプライアンス・内部統制ハンドブック』（編著、商事法務、2017 年）
　『役員のための株主総会運営法〔第 3 版〕』（商事法務、2018 年）
　『コーポレートガバナンス・コードの読み方・考え方〔第 2 版〕』（共著、商事法務、2018 年）
　『コンプライアンス・内部統制ハンドブックⅡ』（編著、商事法務、2019 年）
　『役員のための法律知識〔第 2 版〕』（商事法務、2019 年）

●山田　和彦（やまだ　かずひこ）
　昭和 56 年 4 月　新潟県生まれ
　平成 14 年 11 月　司法試験合格
　平成 16 年 3 月　慶應義塾大学法学部卒業
　平成 17 年 10 月　司法研修所修了
　同　第二東京弁護士会登録、中村・角田・松本法律事務所所属
　平成 24 年 1 月　中村・角田・松本法律事務所パートナー
　平成 26 年 9 月　学習院大学法科大学院非常勤講師就任（企業法務担当）
　平成 28 年 9 月　学習院大学法科大学院特別招聘教授就任（企業法務担当）
〈主な著書〉
　『論点体系 会社法〈補巻〉』（共著、第一法規、2015 年）
　『株主総会ハンドブック〔第 4 版〕』（共著、商事法務、2016 年）
　『取締役会付議事項の実務〔第 2 版〕』（共著、商事法務、2016 年）
　『会社訴訟ハンドブック』（共著、商事法務、2017 年）
　『実践 取締役会改革』（共著、中央経済社、2018 年）
　『新しい取締役会議事録作成の実務』（共著、商事法務、2018 年）
　『コンプライアンス・内部統制ハンドブックⅡ』（共著、商事法務、2019 年）

弁護士になった「その先」のこと。

| 2020年 7 月20日 | 初版第 1 刷発行 |
| 2022年11月10日 | 初版第 4 刷発行 |

著　者　　中　村　直　人
　　　　　　山　田　和　彦

発行者　　石　川　雅　規

発行所　　株式会社　商事法務

〒103-0027 東京都中央区日本橋 3-6-2
TEL 03-6262-6756・FAX 03-6262-6804〔営業〕
TEL 03-6262-6769〔編集〕
https://www.shojihomu.co.jp/

落丁・乱丁本はお取り替えいたします。　　　印刷／広研印刷㈱
© 2020 Naoto Nakamura, Kazuhiko Yamada　Printed in Japan
Shojihomu Co., Ltd.
ISBN978-4-7857-2795-6
＊定価はカバーに表示してあります。